Grammatik kurz & bündig
LATEIN

Die beliebteste Nachschlagegrammatik

Mit Online-Übungen

von
Melanie Ebert

PONS
Grammatik kurz & bündig
Latein

Die beliebteste Nachschlagegrammatik
Mit Online-Übungen

von
Melanie Ebert

Der digitale Zugang zu den online angebotenen Zusatzmaterialien ist für ein Jahr nach Erscheinen der aktuellen Auflage gewährleistet.

3. Auflage 2026

Redaktion: Corinna Löckle-Götz
Online-Übungen: Melanie Ebert
Logoentwurf: Erwin Poell, Heidelberg
Logoüberarbeitung: Sabine Redlin, Ludwigsburg
Layout: Petra Michel, Essen
Satz: Satzkasten, Stuttgart
Umschlagfotos: Frau: Getty Images/Morsa Images;
Hand: Getty Images/Marat Musabirov
Druck und Bindung: Multiprint Ltd., Kostinbrod

ISBN 978-3-12-562483-2

So benutzen Sie dieses Buch

Die **PONS Grammatik kurz & bündig Latein** bietet Ihnen eine kompakte übersichtliche Darstellung der lateinischen Grammatik.

Klar formulierte Regeln werden durch zahlreiche Beispiele – oft aus lateinischen Originaltexten – mit deutscher Übersetzung veranschaulicht. Viele Tipps zu Ausnahmen und Stolperfallen machen Sie auf Besonderheiten der lateinischen Sprache aufmerksam und helfen Ihnen, grammatische Konstruktionen leichter zu erkennen.

Besonders ausführlich wird in diesem Buch auf die verschiedenen Möglichkeiten bei der Übertragung lateinischer Texte ins Deutsche eingegangen.

Über das **Stichwortregister** am Ende des Buches gelangen Sie schnell zu einem gesuchten Thema.

Nützliche Symbole

Bei der Arbeit mit diesem Buch helfen Ihnen die folgenden Symbole:

▸ Hier wird auf andere Grammatik-Kapitel verwiesen.

Das Ausrufezeichen macht Sie auf wichtige Ausnahmen und andere Besonderheiten aufmerksam.

Die Glühbirne gibt Ihnen Tipps zum leichteren Merken der Regeln und zusätzliche nützliche Informationen.

Online-Übungen

Zu den wichtigsten Grammatikthemen dieses Buches finden Sie unter **www.pons.de/grammatik** Online-Übungen, mit denen Sie sicher im Umgang mit der lateinischen Sprache werden und Ihr Wissen testen können. Auf der Innenseite des vorderen Buchdeckels wird Ihnen Schritt für Schritt erklärt, wie Sie zum PONS-Grammatikportal gelangen und dieses kostenlose Angebot nutzen können.

Viel Freude und Erfolg mit der lateinischen Sprache!

Inhaltsverzeichnis

Lautlehre

Das lateinische Alphabet

Das lateinische Alphabet bestand bis ins 1. Jh. v. Chr. aus 21 Buchstaben:

A B C D E F G H I K L M N O P Q R S T V X

I und **V** standen sowohl für die Vokale **I** und **U** als auch für die Halbvokale **J** und **V** (= W). **C** wurde ursprünglich sowohl für **K** als auch für **G** verwendet (vgl. beispielsweise die Abkürzung **C.** für den Vornamen **Gaius**).
Im 3. Jh. v. Chr. kam **G** als eigenes Zeichen hinzu. **K** wurde dagegen immer mehr durch **C** verdrängt.

Lateinische Wörter werden heute immer kleingeschrieben. Davon ausgenommen sind Eigennamen (z. B. **Roma** *Rom*), von Eigennamen abgeleitete Wörter (z. B. **Romanus** *römisch*; auch: *Römer*) sowie Wörter am Satzanfang.

Die Aussprache

Bei der Aussprache eines Vokals muss auf seine sogenannte Quantität geachtet werden, also darauf, ob er kurz (˘) oder lang (¯) ist. Von dieser Quantität hängt manchmal sogar die Wortbedeutung ab. So ist beispielsweise zu unterscheiden zwischen:

kurzer Vokal		langer Vokal	
sŏlum	*Boden*	**sōlum**	*nur*
pŏpulus	*Volk*	**pōpulus**	*Pappel*
mălus	*schlecht*	**mālus**	*Apfelbaum*
măne	*bleib*	**māne**	*morgens*

Von Natur aus lange Vokale sind in der Regel in Wörterbüchern mit ¯ gekennzeichnet.

Diphthonge (Doppellaute, Zwielaute, gemeint sind zwei aufeinanderfolgende Vokale innerhalb einer Silbe) wurden bis ins 1. Jh. v. Chr. als wirkliche Doppellaute ausgesprochen (z. B. ae = a-i, oe = o-i, eu = e-u, …). Später tendierten sie zur Monophthongierung (Aussprache als Einzellaut), z. B. ae = ä.

Bei der Aussprache von Konsonanten sind besonders die Buchstaben **S** und **C** sowie die Kombination von **T** und **I** von Interesse:

S wird stets stimmlos ausgesprochen.
Bei Kombinationen wie **SP**, **ST** und **SCH** wird das s einzeln gesprochen, wie zum Beispiel bei **stare** *stehen* (= s-tare), **spectare** *schauen* (= s-pektare) oder **schola** *Schule* (= s-kola).

C wurde ursprünglich auch vor **E** und **I** wie **K** ausgesprochen (z. B. **tacere** *schweigen* = ta-k-ere).

TI wurde als **TI** und nicht als **ZI** ausgesprochen (z. B. **natio** *Nation* = na-t-i-o).

Erst in der späten Kaiserzeit begann man, **C** vor **E**, **I**, **AE** und **OE** wie **Z** und **TI** vor Vokalen wie **ZI** auszusprechen. So erklärt sich die heutige Aussprache bzw. Schreibweise einiger aus dem Lateinischen stammender Wörter im Deutschen, zum Beispiel *Zirkus* (← **circus**) oder *Grazie* (← **gratia**).

Die Betonung

Im Lateinischen gilt die sogenannte Pän-ultima-Regel (**paene** *fast*, **ultimus** *der letzte*). Das bedeutet (betonte Silben sind in diesem Abschnitt jeweils blau hervorgehoben):

- Zweisilbige Wörter werden auf der vorletzten Silbe betont: **nomen, ira, lumen, ego** …
- Drei- und mehrsilbige Wörter haben die Betonung ebenfalls auf der vorletzten Silbe, wenn diese lang ist, z. B. **Romanōrum**, und auf der drittletzten Silbe, wenn die vorletzte Silbe kurz ist, z. B. **agricŏla**.

Man beachte:
Eine Silbe ist lang, wenn
- sie einen Diphthong enthält oder ihr Vokal lang ist (naturlang),
- nach dem Vokal mehr als ein Konsonant folgt (positionslang).

Besonderheiten:
- **muta cum liquida**: Positionslänge tritt nicht zwingend ein, wenn hinter einem kurzen Vokal b, d, g, p, t, c in Kombination mit l, m, n, r auftreten: **tenĕbrae** *Finsternis*
- **vocalis ante vocalem corripitur**: Trifft ein Vokal auf einen weiteren Vokal, so wird er kurz: also **habēre** *halten*, aber **habĕo** *ich halte*.

Es wird also deutlich, dass die Betonung bei den einzelnen lateinischen Wörtern ja nach Form „wandern" kann. Beispiele:

amor → amōris
fortūna → fortūnārum
iūdex → iūdicibus
manēmus → manēbāmus
repetere → repetō → repetīvī
socius → sociōrum

Das Substantiv

Die drei Merkmale der Substantive

Lateinische Substantive sind durch 3 Merkmale gekennzeichnet:

Genus (Geschlecht):
maskulin (männlich) | feminin (weiblich) | neutrum (sächlich)

Numerus
Singular (Einzahl) | Plural (Mehrzahl)

Kasus (Fall)

Nominativ	Genitiv	Dativ
Akkusativ	Ablativ	Vokativ

Da es im Lateinischen keine Artikel gibt und die Wortstellung im Satz sehr frei ist, müssen alle wichtigen Informationen wie Satzgliedfunktion oder Numerus aus dem Wortausgang (oft etwas ungenau auch „Endung" genannt) gezogen werden. Diese Ausgänge ergeben sich aus der Deklination des Substantivs.

Insgesamt unterscheidet man im Lateinischen fünf Deklinationen:

a-Deklination	o-Deklination	3. Deklination
u-Deklination	e-Deklination	

Der Numerus

Lateinische Substantive haben bis auf wenige Ausnahmen zwei Numeri: <u>Singular</u> (Einzahl) und <u>Plural</u> (Mehrzahl).

Einige Substantive kommen gemäß ihrer Bedeutung fast immer nur im Singular vor. Sie heißen „**Singularia tantum**":

- einheitliche Materialien, z. B. **aurum, -i n.** *Gold*, **aes, aeris n.** *Erz*
- abstrakte Begriffe, z. B. **pietas, -tatis f.** *Frömmigkeit*, **senectus, -tutis f.** *Greisenalter*, **scientia, -ae f.** *Wissen*, **vestis, -is f.** *Kleidung*

Einige andere Substantive werden dagegen nur im Plural verwendet. Sie heißen „**Pluralia tantum**":

- Sammelbezeichnungen von Lebewesen/Menschen, z. B. **liberi, -orum m.** *Kinder*, **maiores, -um** m. *Vorfahren*, **posteri, -orum** m. *Nachkommen*
- Aus mehreren Elementen bestehende Dinge, z. B. **divitiae, -arum** f. *Reichtum*, **insidiae, -arum** f. *Hinterhalt*, **arma, -orum** n. *Waffen*, **moenia, -ium** n. Stadtmauer
- Körperteile, die aus mehreren Elementen bestehen, z. B. **nares, -ium f.** *Nase*, **fauces, -ium** f. *Schlund*, **viscera, -um** n. *Eingeweide*
- Zeitabschnitte oder Feste, z. B. **Kalendae, -arum** f. der *Monatserste*, **feriae, -arum** f. *Ferien*
- geografische Bezeichungen, z. B. **Athenae, -arum** f. *Athen*, **Alpes, -ium** f. die *Alpen*

Einige Wörter haben im Singular und Plural unterschiedliche Bedeutungen, z. B.

Singular		Plural
copia, -ae f. *Vorrat, Menge*	↔	**copiae, -arum** f. *Truppen*
littera, -ae f. *Buchstabe*	↔	**litterae, -arum** f. *Brief*
aedes, -is f. *Tempel*	↔	**aedes, -ium** f. *Haus*
finis, -is m. *Grenze*	↔	**fines, -ium** m. *Gebiet*

Das Genus der Substantive

Wie im Deutschen unterscheidet man im Lateinischen drei Genera (grammatische Geschlechter):

Maskulinum (männlich) abgekürzt durch **m.**	**Femininum** (weiblich) abgekürzt durch **f.**	**Neutrum** (sächlich) abgekürzt durch **n.**
	Beispiele	
vir m. *der/ein Mann*	**femina** f. *die/eine Frau*	**animal** n. *das/ein Tier*

Das Genus der einzelnen Substantive ergibt sich oft aus ihrem Ausgang (z. B. **serv-a** *die Sklavin* → a-Deklination → feminin).

Unabhängig von diesem „grammatischen Geschlecht“ haben einige Substantive entsprechend ihrer Bedeutung ein „natürliches Geschlecht“. So sind z. B.

maskulin: Männer, Völker, Flüsse, Winde, Monate
feminin: Frauen, Bäume, Städte, Länder, Inseln

Einige Substantive können sowohl maskulin als auch feminin sein:

m.		f.
der/ein Bürger	**civis**	*die/eine Bürgerin*
der/ein (An)Führer	**dux**	*die/eine (An)Führerin*
der/ein Begleiter	**comes**	*die/eine Begleiterin*
der/ein Ehemann	**coniunx**	*die/eine Ehefrau*
der/ein Priester	**sacerdos**	*die/eine Priesterin*
der/ein Rächer	**vindex**	*die/eine Rächerin*
der/ein Ochse	**bos**	*die/eine Kuh*

In diesen Fällen muss man das Genus anhand von Begleit- oder Beziehungswörtern herausfinden:

Tu eris coniunx meus!	*Du wirst mein Ehemann sein!*
Cur coniunx mea esse vis?	*Warum willst du meine Ehefrau sein?*

Bei vielen Substantiven lassen sich mit den Ausgängen **-us** und **-a** beziehungsweise **-tor** und **-trix** Wortpaare bilden:

victor m.	*der/ein Sieger*	**victrix** f.	*die/eine Siegerin*
filius m.	*der/ein Sohn*	**filia** f.	*die/eine Tochter*
amicus m.	*der/ein Freund*	**amica** f.	*die/eine Freundin*
actor m.	*der/ein Schauspieler*	**actrix** f.	*die/eine Schauspielerin*

Der Kasus

Jedes Substantiv kann in verschiedene Kasus (Fälle) treten. Es wird also dekliniert. Man unterscheidet im Lateinischen sechs Kasus:

1. Nominativ: Wer?/Was?
2. Genitiv: Wessen?
3. Dativ: Wem?
4. Akkusativ: Wen?/Was?
5. Ablativ: Womit? Wovon? Wann? Wo?
6. Vokativ: Anrede

Der folgende Beispielsatz enthält jeweils ein Satzglied in jedem der sechs Kasus.

Prima luce	**ego**	**tibi**	**litteras**	**fratris mei**	**dabo,**	**Marce.**
Ablativ (Wann?)	Nominativ (Wer?)	Dativ (Wem?)	Akkusativ (Wen?/ Was?)	Genitiv (Wessen?)	(Verb)	Vokativ (Anrede)
Einzelübersetzung:						
Bei Tagesanbruch	*ich*	*dir*	*den Brief*	*meines Bruders*	*(ich) werde geben*	*Markus.*
Gesamtübersetzung:						
Bei Tagesanbruch werde ich dir den Brief meines Bruders geben, Markus.						

Wie der Wortausgang eines Substantivs im jeweiligen Kasus aussieht, hängt von seiner Deklination ab (▸ s. folgende Seiten).

Zu den einzelnen Funktionen der Kasus ▸ s. Kap. 9.

Die Deklinationen

Das Lateinische kennt fünf Deklinationen:

- a-Deklination
- o-Deklination: Substantive auf **-us/-um** und **-er.**
- 3. Deklination: Konsonantenstämme, i-Stämme, Mischstämme
- u-Deklination: Substantive auf **-us** und **-u**
- e-Deklination

Die Kasuszeichen sind von Deklination zu Deklination unterschiedlich. Für alle Deklinationen gilt jedoch:

- Dativ und Ablativ Plural der jeweiligen Deklination enden gleich.
- Bei Neutra sind die Formen des Nominativs und Akkusativs immer gleich.
- Der Vokativ besitzt nur im Singular der o-Deklination bei Substantiven auf **-us** die eigene Endung **-e** (bzw. **-i** bei Substantiven auf **-ius**). Sonst entspricht er immer der Form des Nominativs. Deshalb wird er in den Deklinationstabellen nicht immer eigens aufgeführt.

Oft ist die Deklinationszugehörigkeit schon an der Nominativform erkennbar, z. B.: **puell-a** *das Mädchen* → a-Deklination.

Ist der Ausgang des Nominativs jedoch mehrdeutig, so hilft der eindeutig zuordenbare Genitiv. Beim Vokabellernen ist es deshalb wichtig: Stets auch die Genitivform der Substantive mitlernen!

discipulus, discipuli m. *der Schüler* → o-Deklination
tempus, temporis n. *die Zeit* → 3. Deklination
manus, manus f. *die Hand* → u-Deklination

a-Deklination

amica, -ae f. *Freundin*		
	Singular	Plural
Nominativ	amīc-**a**	amīc-**ae**
Genitiv	amīc-**ae**	amīc-**ārum**
Dativ	amīc-**ae**	amīc-**īs**
Akkusativ	amīc-**am**	amīc-**ās**
Ablativ	amīc-**ā**	amīc-**īs**

Die Substantive der a-Deklination sind in der Regel feminin. Einige maskuline Ausnahmen sind folgende Wörter:

agricola, -ae m. *Bauer*
Celtae, -arum m. *die Kelten*
druida, -ae m. *Druide*
incola, -ae m. *Bewohner*
nauta, -ae m. *Seemann*
Persae, -arum m. *die Perser*
pirata, -ae m. *Pirat*
poeta, -ae m. *Dichter*

o-Deklination

Die o-Deklination besteht aus zwei Untergruppen:

- Substantive auf **-us/-um**
- Substantive auf **-er**

Nur die Substantive auf **-us** (Gen. **-i**) und **-ius** besitzen eine eigene Vokativendung im Singular, nämlich **-e** bzw. **-i** (▸ siehe auch S. 13 unten):

Veni mecum, Marce! *Komm mit mir, Markus!*
Sequere me, fili! *Folge mir, mein Sohn!*

Daher wird nur in der folgenden ersten Tabelle auch die Vokativform angegeben. Überall sonst entspricht der Vokativ der jeweiligen Nominativform.

Substantive auf -us

maritus, -i m. *Ehemann*		
	Singular	Plural
Nominativ	marīt-**us**	marīt-**ī**
Genitiv	marīt-**ī**	marīt-**ōrum**
Dativ	marīt-**ō**	marīt-**īs**
Akkusativ	marīt-**um**	marīt-**ōs**
Ablativ	marīt-**ō**	marīt-**īs**
Vokativ	marīt-**e**	marīt-**ī**

Substantive auf -um

donum, -i n. *Geschenk*		
	Singular	Plural
Nominativ	dōn-**um**	dōn-**a**
Genitiv	dōn-**ī**	dōn-**ōrum**
Dativ	dōn-**ō**	dōn-**īs**
Akkusativ	dōn-**um**	dōn-**a**
Ablativ	dōn-**ō**	dōn-**īs**

Substantive auf -er

gener, -eri m. *Schwiegersohn*		
	Singular	Plural
Nominativ	gener	gener-**ī**
Genitiv	gener-**ī**	gener-**ōrum**
Dativ	gener-**ō**	gener-**īs**
Akkusativ	gener-**um**	gener-**ōs**
Ablativ	gener-**ō**	gener-**īs**

Nicht bei allen Substantiven auf **-er** bleibt das **-e-** des Stammes in allen Kasus erhalten. Bei Substantiven wie **ager, agri** m. *Acker* ist es nur im Nominativ Singular vorhanden. Auch hier gilt es also, sorgfältig die Genitivform mitzulernen.

Die Substantive der o-Deklination, die auf **-us** und **-er** enden, sind Maskulina. Die Substantive auf **-um** dagegen sind Neutra. Es gibt jedoch einige Ausnahmen:

Feminina sind:

- Namen von Ländern, Städten und Inseln auf **-us**, wie z. B.: **Corinthus, -i** f. *Korinth*, **Peloponnesus, -i** f. *die Peloponnes*, **Aegyptus, -i** f. *Ägypten*
- Namen von Bäumen auf **-us**, wie z. B.: **fagus, -i** f. *Buche*, **malus, -i** f. *Apfelbaum*
- das Wort **humus, -i** f. *Boden*

Neutra sind:

vulgus, -i n. *das gemeine Volk* und **virus, -i** n. *Gift*

Sonderformen:

- **deus, -i** m. *(der/ein) Gott* lautet im Nominativ Plural häufig **di** (statt **dei**) und im Dativ/Ablativ Plural **dis** (statt **deis**).
- **locus, -i** m. *Ort* bildet einen doppelten Plural: **loci, -orum** m. *Stellen* (in Büchern) und **loca, -orum** n. *Orte, Gegend*

3. Deklination

Die 3. Deklination besteht aus drei Untergruppen:

- Konsonantenstämme
- i-Stämme
- Mischstämme

Im Gegensatz zur a-/o-/u-/e-Deklination, die im Nominativ Singular jeweils typische Ausgänge aufweisen, zählen zur 3. Deklination Substantive, die im Nominativ völlig unterschiedlich aussehen. Ihre Deklinationszugehörigkeit wird erst durch die Genitivform auf **-is** ersichtlich.

Konsonantenstämme

Bei den Konsonantenstämmen endet der Wortstock (= Genitivform im Singular ohne Ausgang des Genitivs) immer auf einen Konsonanten:

amor, -oris m. *Liebe*		
	Singular	Plural
Nominativ	amor	amor-**ēs**
Genitiv	amor-**is**	amor-**um**
Dativ	amor-**ī**	amor-**ibus**
Akkusativ	amor-**em**	amor- **ēs**
Ablativ	amor-**e**	amor-**ibus**

Bei den Substantiven der Konsonantenstämme sind alle Genera vertreten. Bei neutralen Substantiven lautet der Akkusativ immer wie der Nominativ, und der Nominativ/Akkusativ Plural endet auf **-a**.
Beispiel: **carmen, carminis** n. *Lied, Gedicht* im Nom./Akk. Sg. also **carmen**, im Nom./Akk. Pl. **carmina**

Welchem Genus ein Substantiv der konsonantischen Deklination angehört, ist leider nicht klar an der Grundform erkennbar. Zudem gibt es viele Ausnahmen, weshalb man das Genus der Substantive stets mitlernen sollte. Die folgende Liste kann dennoch als kleine Orientierung dienen:

Maskulina sind die meisten Wörter auf
-er, Gen. **-(e)ris** z. B. **carcer, -eris** m. *Gefängnis*
-or, Gen. **-oris** z. B. **senator, -oris** m. *Senator*
-os, Gen. **-oris** z. B. **mos, moris** m. *Sitte, Brauch*

Feminina sind die meisten Wörter auf
-o, Gen. **-onis** z. B. **regio, -onis** f. *Gegend, Gebiet*
-o, Gen. **-inis** z. B. **origo, -inis** f. *Ursprung*
-x, Gen. **-cis** z. B. **vox, vocis** f. *Stimme*
-x, Gen. **-gis** z. B. **lex, legis** f. *Gesetz*
-as, Gen. **-atis** z. B. **aestas, -atis** f. *Sommer*
-us, Gen. **-utis** z. B. **servitus, -utis** f. *Knechtschaft*

Neutra sind die meisten Wörter auf
-men, Gen. **-minis** z. B. **flumen, -minis** n. *Fluss*
-us, Gen. **-eris** z. B. **opus, -eris** n. *Werk*
-us, Gen. **-oris** z. B. **tempus, -oris** n. *Zeit*
-us, Gen. **-uris** z. B. **ius, iuris** n. *Recht*
-ur, Gen. **-uris** z. B. **fulgur, -uris** n. *Blitz*

i-Stämme

Die i-Stämme gliedern sich in zwei Gruppen:

1. feminine i-Stämme

Hierzu zählen die Wörter **febris, -is** f. *Fieber*, **puppis, -is** f. *Heck*, **securis, -is** f. *Beil*, **sitis, -is** f. *Durst*, **turris, -is** f. *Turm*, **tussis, -is** f. *Husten*, **vis, --** f. *Gewalt*, **Tiberis, -is** f. *der Tiber*, **Neapolis, -is** f. *Neapel*.

turris, -is n. *Turm*		
	Singular	Plural
Nominativ	turr - **is**	turr - **ēs**
Genitiv	turr - **is**	turr - **ium**
Dativ	turr - **ī**	turr - **ibus**
Akkusativ	turr - **im**	turr - **īs** /- **ēs**
Ablativ	turr - **ī**	turr - **ibus**

Die Formen von **vis, --** f. *Gewalt* sind unvollständig:
Singular: Nom. **vis**, Gen. **--**, Dat. **--**, Akk. **vim**, Abl. **vi**
Plural: Nom. **vires**, Gen, **virium**, Dat. **viribus**, Akk. **vires**, Abl. **viribus**

2. neutrale i-Stämme

Hierzu zählen alle Wörter auf **-e**, **-al**, **-ar.**

mare, -is n. *Meer*		
	Singular	Plural
Nominativ	mar - **e**	mar - **ia**
Genitiv	mar - **is**	mar - **ium**
Dativ	mar - **ī**	mar - **ibus**
Akkusativ	mar - **e**	mar - **ia**
Ablativ	mar - **ī**	mar - **ibus**

Mischstämme

Bei den Mischstämmen finden sich Ausgänge der Konsonantenstämme und der i-Stämme. Zu ihnen zählen zwei Gruppen:

1. „Gleichsilbler"
Gleiche Silbenzahl im Nominativ und im Genitiv Singular (zu unterscheiden von den i-Stämmen, die hier ebenfalls die gleiche Silbenzahl haben)

navis, -is f. *Schiff*		
	Singular	Plural
Nominativ	nāv - **is**	nāv - **ēs**
Genitiv	nāv - **is**	nāv - **ium**
Dativ	nāv - **ī**	nāv - **ibus**
Akkusativ	nāv - **em**	nāv - **ēs**
Ablativ	nāv - **e**	nāv - **ibus**

2. „Mehrkonsonanten"
Der Wortstock (Genitivform ohne -**is**) endet auf mind. zwei Konsonanten.

ars, artis f. *Kunst*		
	Singular	Plural
Nominativ	**ars**	art - **ēs**
Genitiv	art - **is**	art - **ium**
Dativ	art - **ī**	art - **ibus**
Akkusativ	art - **em**	art - **ēs**
Ablativ	art - **e**	art - **ibus**

Die Substantive der Mischstämme sind in der Regel feminin. Einige maskuline Ausnahmen sind folgende Wörter:

collis, -is m. *Hügel*, **mensis, -is** m. *Monat*, **orbis, -is** m. *Kreis*, **dens, dentis** m. *Zahn*, **fons, fontis** m. *Quelle*, **mons, montis** m. *Berg*, **pons, pontis** m. *Brücke* sowie alle Wörter auf **-cis**, **-nis** und **-guis**, so z. B. **piscis, -is** m. *Fisch*, **finis, -is** m. *Grenze*, **unguis, -is** m. *Nagel*

Einige Substantive, z. B. **parentes** Pl. m. *Eltern*, **vates, -is** m. *Seher* oder **mensis, -is** m. *Monat*, können im Genitiv Plural sowohl auf **-um** als auch auf **-ium** enden!

Fazit 3. Deklination

Zusammenfassend lässt sich feststellen, dass die drei Untergruppen der 3. Deklination weitestgehend gleich dekliniert werden. Die einzelnen Unterschiede sind folgende:

	Akk. Sg. m./f.	Abl. Sg.	Nom./Akk. Pl. n.	Gen. Pl.
Konsonanten-stämme	**-em**	**-e**	**-a**	**-um**
i-Stämme	**-im**	**-i**	**-ia**	**-ium**
Mischstämme	**-em**	**-e**	**---**	**-ium**

u-Deklination

Die u-Deklination besteht aus zwei Untergruppen:

1. Substantive auf -us

currus, -us m. *Wagen*		
	Singular	Plural
Nominativ	curr - **us**	curr - **ūs**
Genitiv	curr - **ūs**	curr - **uum**
Dativ	curr - **uī**	curr - **ibus**
Akkusativ	curr - **um**	curr - **ūs**
Ablativ	curr - **ū**	curr - **ibus**

2. Substantive auf -u

cornu, -us n. *Horn*		
	Singular	Plural
Nominativ	corn - **ū**	corn - **ua**
Genitiv	corn - **ūs**	corn - **uum**
Dativ	corn - **ū (!)**	corn - **ibus**
Akkusativ	corn - **ū**	corn - **ua**
Ablativ	corn - **ū**	corn - **ibus**

Einige Wörter der u-Deklination bilden den Dativ und Ablativ Plural auf **-ubus** (statt auf **-ibus**), so z. B.:

artus, -us m. *Gelenk* ▸ **artubus** ↔ **artibus** (**ars, artis** f. *Kunst*)
arcus, -us m. *Bogen* ▸ **arcubus** ↔ **arcibus** (**arx, arcis** f. *Burg*)

Die Substantive der u-Deklination, die auf **-us** enden, sind maskulin. Die Substantive auf **-u** dagegen sind Neutra. Es gibt jedoch einige feminine Ausnahmen:

domus, -us f. *Haus,* **tribus, -us** f. *Bezirk,* **manus, -us** f. *Hand,* **acus, -us** f. *Nadel,* **porticus, -us** f. *Säulenhalle,* **Idus, -uum** f. *die Iden* (13. bzw. 15. Tag des Monats)
… sowie Baumnamen auf **-us**, wie z. B.: **quercus, -us** f. *Eiche*

Sonderfall:
domus, -us f. *Haus* wird in manchen Kasus nach der o-Deklination dekliniert:

	Singular	Plural
Nominativ	dom - **us**	dom - **ūs**
Genitiv	dom - **ūs**	dom - **ōrum** / - **uum**
Dativ	dom - **uī**	dom - **ibus**
Akkusativ	dom - **um**	dom - **ōs**
Ablativ	dom - **ō**	dom - **ibus**

Am besten als feste Wendungen lernt man:
domi ▸ *zu Hause* **domum** ▸ *nach Hause* **domo** ▸ *von zu Hause*

e-Deklination

facies, -ei f. *Gesicht*		
	Singular	Plural
Nominativ	faci - **ēs**	faci - **ēs**
Genitiv	faci - **eī**	faci - **ērum**
Dativ	faci - **eī**	faci - **ēbus**
Akkusativ	faci - **em**	faci - **ēs**
Ablativ	faci - **ē**	faci - **ēbus**

Die Substantive der e-Deklination sind in der Regel feminin.

Maskuline Ausnahmen sind: **meridies, -ei** m. *Mittag,* **dies, -ei** m. *Tag* (in der Bedeutung *Frist, Termin*: f.!)

Das Wort **res, rei** f. *Sache, Angelegenheit* findet man oft als Wendung:
res publica *Staat* **res secundae** (Pl.) *Glück*
res gestae (Pl.) *Taten* **res adversae** (Pl.) *Unglück*

Adjektive und Adverbien

Adjektive bestimmen ein Nomen näher und sind ihm in Kasus, Numerus und Genus angeglichen (sogenannte Kongruenz).

Adverbien sind dagegen undeklinierbar und bestimmen ein Verb (seltener ein Adjektiv oder ein anderes Adverb) näher. Sie werden entweder von Adjektiven abgeleitet oder sind aus anderen Formen entstanden.

Sowohl Adjektive als auch Adverbien lassen sich steigern.

- Positiv (Grundform) → Komparativ → Superlativ ▸ s. S. 26 ff.

Die Adjektive

Die Adjektive werden zwei Hauptgruppen mit Untergruppen zugeordnet:

Adjektive der a-/o-Deklination	**Adjektive der 3. Deklination**
• Adjektive auf **-us, -a, -um** • Adjektive auf **-er, -(e)ra, -(e)rum**	• dreiendige Adjektive • zweiendige Adjektive • einendige Adjektive

Adjektive der a-/o-Deklination

Adjektive auf -us, -a, -um

Adjektive auf **-us, -a, -um** werden dekliniert wie die Substantive der a- bzw. o-Deklination (▸ vgl. **amica**, **maritus** und **donum**, S. 14 f.).

bonus, -a, -um *gut*						
	Singular			Plural		
	m.	f.	n.	m.	f.	n.
Nom.	bon**us**	bon**a**	bon**um**	bon**ī**	bon**ae**	bon**a**
Gen.	bon**ī**	bon**ae**	bon**ī**	bon**ōrum**	bon**ārum**	bon**ōrum**
Dat.	bon**ō**	bon**ae**	bon**ō**	bon**īs**	bon**īs**	bon**īs**
Akk.	bon**um**	bon**am**	bon**um**	bon**ōs**	bon**ās**	bon**a**
Abl.	bon**ō**	bon**ā**	bon**ō**	bon**īs**	bon**īs**	bon**īs**

Adjektive auf -er, -(e)ra, -(e)rum

miser, -era, -erum *armselig, elend*						
	Singular			Plural		
	m.	f.	n.	m.	f.	n.
Nom.	miser	miser**a**	miser**um**	miser**ī**	miser**ae**	miser**a**
Gen.	miser**ī**	miser**ae**	miser**ī**	miser**ōrum**	miser**ārum**	miser**ōrum**
Dat.	miser**ō**	miser**ae**	miser**ō**	miser**īs**	miser**īs**	miser**īs**
Akk.	miser**um**	miser**am**	miser**um**	miser**ōs**	miser**ās**	miser**a**
Abl.	miser**ō**	miser**ā**	miser**ō**	miser**īs**	miser**īs**	miser**īs**

Wie bei den Substantiven der o-Deklination auf **-er** gibt es auch unter den Adjektiven (der a-/o-Deklination und ebenso der 3. Deklination) auf **-er** solche,

- die das **-e-** des Nom. Sg. m. in allen Formen behalten:
  puella misera *ein armes Mädchen*
- die es in den übrigen Formen verlieren:
  pulcher → puella pulchra *ein schönes Mädchen*

Adjektive der 3. Deklination

Diese Adjektive haben im Nominativ Singular entweder

- für jedes Genus einen eigenen Ausgang (dreiendig):
  z. B. **acer** (m.), **acris** (f.), **acre** (n.) *scharf, energisch* oder
  celer (m.), **celeris** (f.), **celere** (n.) *schnell*
- einen gleichen Ausgang für Maskulinum und Femininum, einen Ausgang für Neutrum (zweiendig):
  z. B. **utilis** (m. + f.), **utile** (n.) *nützlich*
- oder einen Ausgang für alle drei Genera (einendig):
  z. B. **audax** (m., f., n.) (Gen. **-acis**) *kühn*

Sie werden dekliniert wie die Konsonantenstämme der 3. Deklination ▸ S. 16. Lediglich im Ablativ Singular (**-i**), Genitiv Plural (**-ium**) und Nominativ/Akkusativ Plural Neutrum (**-ia**) folgen sie den i-Stämmen (▸ s. S. 17).

Dreiendige Adjektive der 3. Deklination

ācer, ācris, ācre *schnell*						
	Singular			Plural		
	m.	f.	n.	m.	f.	n.
Nom.	ācer	ācr**is**	ācr**e**	ācr**ēs**	ācr**ēs**	ācr**ia**
Gen.	ācr**is**	ācr**is**	ācr**is**	ācr**ium**	ācr**ium**	ācr**ium**
Dat.	ācr**ī**	ācr**ī**	ācr**ī**	ācr**ibus**	ācr**ibus**	ācr**ibus**
Akk.	ācr**em**	ācr**em**	ācr**e**	ācr**ēs**	ācr**ēs**	ācr**ia**
Abl.	ācr**ī**	ācr**ī**	ācr**ī**	ācr**ibus**	ācr**ibus**	ācr**ibus**

Zweiendige Adjektive der 3. Deklination

Dieser Gruppe gehören die meisten Adjektive der 3. Deklination an. Hier sind Maskulinum und Femininum im Nominativ Singular identisch. Die restlichen Formen entsprechen denen der dreiendigen Adjektive.

gravis, -e *schwer*						
	Singular			Plural		
	m.	f.	n.	m.	f.	n.
Nom.	grav**is**	grav**is**	grav**e**	grav**ēs**	grav**ēs**	grav**ia**
Gen.	grav**is**	grav**is**	grav**is**	grav**ium**	grav**ium**	grav**ium**
Dat.	usw.					

Einendige Adjektive der 3. Deklination

Bei dieser Gruppe sind die Formen aller Genera im Nominativ Singular identisch. Alle übrigen Formen entsprechen wiederum denen der dreiendigen Adjektive.

fēlix (Gen. **felicis**) *glücklich*						
	Singular			Plural		
	m.	f.	n.	m.	f.	n.
Nom.	fēlīx	fēlīx	fēlīx	fēlīc**ēs**	fēlīc**ēs**	fēlīc**ia**
Gen.	fēlīc**is**	fēlīc**is**	fēlīc**is**	fēlīc**ium**	fēlīc**ium**	fēlīc**ium**
Dat.	usw.					

Adjektive der 3. Deklination in Lexika/Lehrbüchern:
Dreiendige Adjektive: Angabe aller drei Nominativformen (**celer, -is, -e**); zweiendige Adjektive: Angabe der beiden Nominativformen (**gravis, -e**); einendige Adjektive: Angabe der Nominativ- und der Genitivform (**felix, -icis**).

Einige einendige Adjektive werden wie die Konsonantenstämme der 3. Deklination dekliniert, d. h. sie enden

- im Ablativ Singular auf **-e**,
- im Genitiv Plural auf **-um**
- im Nominativ/Akkusativ Plural Neutrum auf **-a**.

Die häufigsten Adjektive dieser Gruppe sind:

dives, -vitis *reich;* **compos, -otis** *mächtig ;* **pauper, -ris** *arm;* **superstes, -titis** *überlebend;* **particeps, -cipis** *teilhaftig;* **sospes, -pitis** *wohlbehalten;* **vetus, -teris** *alt;* **princeps, -cipis** *der erste*

Eine Mischform mit den Wortausgängen **-i** im Ablativ Singular, **-um** im Genitiv Plural und **-ia** im Nominativ/Akkusativ Plural Neutrum bilden die Adjektive:

memor, -ris *sich erinnernd an/denkend an;* **inops, -pis** *arm, mittellos;* **vigil, -lis** *wachsam*

Lateinische Adjektive können substantiviert werden. Anders als im Deutschen, wo die Substantivierung meist durch einen hinzutretenden Artikel deutlich wird (z. B. *das Gute*), erkennt man dies im Lateinischen jedoch nur daran, dass das Adjektiv selbständig, d. h. ohne Bezugswort, auftritt, z. B.:

Domus divitum ingentes sunt. *Die Häuser der Reichen sind riesig.*

Partizipien können wie ein Adjektiv gebraucht werden. Besonders ist hier auf das Partizip Präsens Aktiv zu achten: Je nachdem, ob es als Verbform, Substantiv oder Adjektiv verwendet wird, hat es im Ablativ Singular die Endung **-e** oder **-i**:
a sapiente *von einem Weisen* (Substantiv)
sapienti consilio *mit weisem Rat* (Adjektiv)
▸ Partizipen, S. 64 f.

Zur Verwendung der Adjektive

Adjektive stimmen stets in Kasus, Numerus und Genus mit dem Substantiv überein, das sie näher bestimmen (sogenannte KNG-Kongruenz).
Sie können als Attribut beim Substantiv oder als Prädikatsnomen beim Verb (meist **esse**) stehen:

attributiv:
Templum novum intro.
Ich betrete den neuen Tempel.

prädikativ:
Templum Iovis magnum est.
Der Jupitertempel ist groß.

Wenn eine gemischtgeschlechtliche Personengruppe beschrieben wird, steht im Lateinischen die maskuline Form des Adjektivs.
Vir et feminae laeti sunt. *Der Mann und die Frauen sind fröhlich.*

Die Adverbien

Während ein Adjektiv ein Substantiv näher bestimmt, dient das Adverb zur näheren Bestimmung eines Verbums, eines Adjektivs oder eines anderen Adverbs. Wie im Deutschen sind lateinische Adverbien unveränderlich. Gemäß ihrer Bildung unterscheidet man zwei Arten:

- Adverbien, die von Adjektiven abgeleitet sind
- Adverbien, die aus anderen Formen entstanden sind

Regelmäßige Adverbbildung aus Adjektiven

Die Bildungsweise des Adverbs hängt von der Deklination des zugrundeliegenden Adjektivs ab:

Bildung aus Adjektiven der a- und o-Deklination

An den Wortstock (= Genitivform im Singular ohne Ausgang des Genitivs) wird die Endung **-e** angefügt, z. B.:

doctus, -a, -um *gelehrt* → **docte**; **pulcher, -ra, -rum** *schön* → pulchre;
prosper, -era, -erum *glücklich* → **prospere**

Ausnahme:
bonus, -a, -um *gut* ▸ **bene**

Bildung aus Adjektiven der 3. Deklination

An den Wortstock wird die Endung **-iter** angefügt, z. B.:

acer, acris, acre *scharf, energisch* → **acriter**; **fortis, -e** *tapfer, stark* → **fortiter**; **felix** (Gen. **felicis**) *glücklich* → **feliciter**

Ausnahmen: **facilis, -e** *leicht* → **facile**; **difficilis, -e** *schwer* → **difficulter/difficile**; **audax** (Gen. **audacis**) *kühn* → **audacter/audaciter**

Sonderform: Adjektive auf **-ns, -ntis.** An den Wortstock wird die Endung **-er** angefügt, z. B.: **vehemens** (Gen. **vehementis**) *heftig, energisch* → **vehementer**; **sapiens** (Gen. **sapientis**) *weise* → **sapienter**; **prudens** (Gen. **prudentis**) *klug* → **prudenter**

Adverbien, die aus anderen Formen entstanden sind

Oft sind Adverbien aus erstarrten Adjektiv- bzw. Substantivformen in ihren verschiedenen Kasus (Nom., Akk., Abl.) oder aus Präpositionalverbindungen entstanden. Anhand ihrer Bedeutung bzw. Funktion lassen sie sich grob in vier Gruppen einteilen:

Adverbien der Art und Weise		
adeo *so sehr* **admodum** *sehr* **ceterum** übrigens **cito** *schnell* **falso** *fälschlich* **fere** *ungefähr* **forte** *zufällig* **ita/sic** *so* **imprimis** *vor allem/ besonders*	**invicem** *abwechselnd* **iterum** *wiederum* **magnopere** *in hohem Grad, sehr* **multum** *viel* **nimis** *zu sehr* **nimium** *zu viel* **paene** *fast* **parum** *zu wenig* **partim** *teils*	**paulum** *ein wenig* **plurimum** *sehr viel* **praeterea** *außerdem* **propterea** *deswegen* **prorsus** *vorwärts/ geradezu* **rursus** *wiederum* **satis** *genug* **tantum** *nur* **ut/uti** *wie*
Adverbien des Ortes		
aliquo *irgendwohin* **eo** *dahin* **foras** *hinaus* **foris** *draußen* **hic** *hier* **hinc** *von hier*	**ibi** *dort* **illinc** *von dort* **illuc** *dorthin* **inde** *von da* **nusquam** *nirgends* **obviam** *entgegen*	**procul** *fern* **prope** *nahe* **retro** *zurück* **ubique** überall **undique** *von allen Seiten*
Adverbien der Zeit		
aliquando einmal **antea** *vorher* **cottidie** *täglich* **cras** *morgen* **demum** *erst* **denique** *schließlich* **diu** *lange Zeit* **hodie** *heute* **heri** *gestern* **iam** *schon* **ilico** *auf der Stelle/sogleich* **interdum** *manchmal* **interea** *inzwischen*	**mane** *morgens* **meridie** *mittags* **modo** *eben* **mox** *bald* **noctu** *nachts* **nondum** *noch nicht* **numquam** *nie* **nunc** *jetzt* **nuper** *neulich* **olim** *einst* **plerumque** *meistens* **postea** *nachher, später* **postremo** *zuletzt*	**postridie** *tags darauf* **pridie** *tags zuvor* **primo** *zuerst* **quondam** *einstmals* **raro** *selten* **saepe** *oft* **semper** *immer* **sero** *zu spät* **statim** *sofort* **subito** *plötzlich* **tandem** *endlich* **tum** *damals, dann* **vesperi** *abends*

Frageadverbien		
cur *warum* **quando** *wann*	**quo** *wohin* **quomodo** *wie*	**ubi** *wo* **unde** *woher*

Wie im Deutschen („die Menschen *damals*") können Adverbien die Aufgabe von Attributen übernehmen:
Intuemini horum deinceps annorum vel secundas res vel adversas.
Betrachtet das Glück und das Unglück dieser Jahre nacheinander = aufeinanderfolgenden Jahre.

Die Steigerung

Sowohl Adjektive als auch Adverbien können gesteigert werden. Durch den Komparativ bzw. den Superlativ wird ein Vergleich angestellt:

Positiv (Grundstufe) **dignus, -a, -um** *der/die/das würdige*
Komparativ **dignior, -ius** *der/die/das würdigere*
Superlativ **dignissimus, -a, -um** *der/die/das würdigste*

Der Positiv

Der Positiv bezeichnet die Grundstufe eines Adjektivs bzw. Adverbs.

Der Komparativ

Der Komparativ ist die erste Steigerungsstufe. Das Vergleichselement wird entweder mit **quam** *als* angeschlossen oder steht im **Ablativus comparationis** (Ablativ des Vergleichs).

Num filius fortior quam pater est? / Num filius fortior patre est?
Ist der Sohn etwa stärker als der Vater?

Achtung beim Ablativ des Vergleichs! Weitere Ablative im Satz (wie [hier]) sind natürlich nicht ausgeschlossen:
Olympus mons [multo] altior est Vesuvio.
Der Olymp ist [um vieles / viel] höher als der Vesuv.

Fehlt das Vergleichselement, so drückt der Komparativ nur den erhöhten Grad aus. Für die Übersetzung verwendet man im Deutschen dann Adverbien wie *ziemlich, recht, ein wenig, etwas, zu.*

Puer fortior est. *Der Junge ist ziemlich stark / recht stark.*
Munus hoc difficilius est. *Diese Aufgabe ist ziemlich schwierig / zu schwierig.*
(hier ist unbedingt der jeweilige Kontext zu beachten!)

Bildungsweise

Der Komparativ von Adjektiven besteht aus dem jeweiligen Wortstock, dem angehängten Bildungselement **-ior-** (m. + f.) bzw. **-ius** (n.) und den Ausgängen der 3. Deklination (Konsonantenstämme ▸ s. Kap. 2, S. 16), z. B.:

acer, acris, acre *scharf, energisch* → acr**ior**, **-ius**

	Singular			Plural		
	m.	f.	n.	m.	f.	n.
Nom.	ācrior	ācrior	ācrius	ācriō**rēs**	ācriō**rēs**	ācriō**ra**
Gen.	ācriō**ris**	ācriō**ris**	ācriō**ris**	ācriō**rum**	ācriō**rum**	ācriō**rum**
Dat.	ācriō**rī**	ācriō**rī**	ācriō**rī**	ācriō**ribus**	ācriō**ribus**	ācriō**ribus**
Akk.	ācriō**rem**	ācriō**rem**	ācrius	ācriō**rēs**	ācriō**rēs**	ācriō**ra**
Abl.	ācriō**re**	ācriō**re**	ācriō**re**	ācriō**ribus**	ācriō**ribus**	ācriō**ribus**

Bei den aus Adjektiven gebildeten Adverbien dient jeweils der Akkusativ Singular Neutrum **(-ius)** als Komparativ des Adverbs: z. B. **alte** *hoch* → **altius** *höher*

Hic canis altius salit quam ille. *Dieser Hund springt höher als jener Hund.*

Der Superlativ

Der Superlativ ist die höchste Steigerungsstufe. Der Vergleichspunkt wird im Genitiv bzw. mit **ex** *von* (+ Abl.) oder **inter** *unter* (+ Akk) angeschlossen:

Cicero omnium oratorum (Gen.) / ex omnibus oratoribus / inter omnes oratores clarissimus est. *Cicero ist der berühmteste aller Redner. / … von allen Rednern. / … unter allen Rednern.*

Fehlen Vergleichselemente, so wird der Superlativ als sogenannter Elativ übersetzt. Das außergewöhnlich hohe Maß wird dann durch Adverbien (*sehr, ungemein, höchst, besonders …*) oder Wortzusammensetzungen (*ur-alt, stein-reich, riesen-groß …*) ausgedrückt:

capillus nigerrimus *besonders schwarzes Haar / pechschwarzes Haar*

Eine weitere Art der Bildung eines solchen Elativs liegt in der Vorschaltung der Silbe **per-** oder **prae-** vor ein Adjektiv: z. B. **praeclarus, -a, -um** *sehr berühmt, weltberühmt*

quam vor einem Superlativ heißt *möglichst*, **longe** heißt *weitaus, bei weitem*:

Marcus quam celerrimus esse vult, sed Quintus longe celerrimus est.

Markus will möglichst schnell sein, aber Quintus ist bei weitem der Schnellste.

Bildungsweise

Der Superlativ von Adjektiven besteht regulär aus dem jeweiligen Wortstock und einem angehängten **-issimus, -a, -um.** Die Formen werden dekliniert wie die Adjektive der a-/o-Deklination, z. B.:

felix (Gen. **felicis**) *glücklich* → **felicissimus, -a, -um** *der/die/das glücklichste*
altus, -a, -um *hoch* → **altissimus, -a, -um** *der/die/das höchste,*
fortis, -e *stark* → **fortissimus, -a, -um** *der/die/das stärkste*

Bei den folgenden sechs Adjektiven auf **-lis** wird der Superlativ mit dem Bildungselement **-limus, -a, -um** hinter dem Wortstock gebildet:

facilis, -e *leicht;* **difficilis, -e** *schwer;* **humilis, -e** *niedrig;* **similis, -e** *ähnlich;* **dissimilis, -e** *unähnlich;* **gracilis, -e** *schlank*

simil-limus, -a, -um *der/die/das ähnlichste,* **facil-limus, -a, -um** *der/die/das leichteste*

Bei Adjektiven auf **-er** wird für den Superlativ **-rimus, -a, -um** an den Nominativ Singular Maskulinum (und damit NICHT an den Wortstock!) angefügt, z. B.:

acer, acris, acre *scharf* → **acerrimus, -a, -um** *der/die/das schärfste;* **miser, -era, -erum** *arm* → **miserrimus, -a, -um** *der/die/das ärmste*

Bei den aus Adjektiven gebildeten Adverbien wird der Superlativ gemäß der Superlativbildung des jeweiligen Adjektivs **(-issimus, -limus** oder **-rimus** bzw. Sonderform ▸ s. S. 25) mit der Endung **-e** gebildet (▸ vgl. Adverbbildung aus Adjektiven der a-/o-Deklination, S. 24 f.), z. B.:

atrox (Gen. **atrocis**) *grimmig* → **atrocissimus, -a, -um** → **atrocissime** *am grimmigsten ;* **similis, -e** *ähnlich* → **simillimus, -a, -um** → **simillime** *am ähnlichsten;* **celer, -is, -e** *schnell* → **celerrimus, -a, -um** → **celerrime** *am schnellsten;* **bonus, -a, -um** *gut* → **optimus, -a, -um** → **optime** *am besten, sehr gut*

Übersicht regelmäßige Steigerung (ohne Sonderformen):

Steigerung einiger exemplarischer Adjektive

Positiv (je nach Adjektiv dekliniert nach a-/o-Dekl. bzw. 3. Dekl.)	**Komparativ** (dekliniert nach Konsonantenstämmen der 3. Dekl.)	**Superlativ** (dekliniert nach a-/o-Dekl.)
altus, -a, -um (a/o)	altior, -ius	altissimus, -a, -um
pulcher, -ra, -rum (a/o)	pulchrior, -ius	pulcherrimus, -a, -um
acer, -ris, -re (3.)	acrior, -ius	acerrimus, -a, -um
fortis, -e (3.)	fortior, -ius	fortissimus, -a, -um
similis, -e (3.)	similior, -ius	simillimus, -a, -um
sapiens (Gen. sapientis) (3.)	sapientior, -ius	sapientissimus, -a, -um

Steigerung der entsprechenden Adverbien

Positiv	**Komparativ**	**Superlativ**
alte (a/o)	altius	altissime
pulchre (a/o)	pulchrius	pulcherrime
acriter (3.)	acrius	acerrime
fortiter (3.)	fortius	fortissime
similiter (3.)	similius	simillime
sapienter (3.)	sapientius	sapientissime

Sonderformen

Einige häufige Adjektive/Adverbien bilden den Komparativ und Superlativ mit verschiedenen Stämmen:

Positiv	**Komparativ**	**Superlativ**
bonus, -a, -um *gut*	**melior, -ius**	**optimus, -a, -um**
malus, -a, -um *schlecht*	**peior, -ius**	**pessimus, -a, -um**
magnus, -a, -um *groß*	**maior, -ius**	**maximus, -a, -um**
parvus, -a, -um *klein*	**minor, -us**	**minimus, -a, -um**
multum *viel*	**plus**	**plurimum**
multi, -ae, -a *viele*	**plures, -ra**	**plurimi, -ae, -a**

Unterscheiden Sie:
plures homines (Komparativ) *mehr Menschen*
complures homines (kein Komparativ) *mehrere Menschen*

Adjektive, die einen Vokal vor dem Ausgang **-us** haben, werden durch das Hinzufügen der Adverbien **magis** *mehr* und **maxime** *am meisten* gesteigert, z. B.:

Positiv	**Komparativ**	**Superlativ**
idoneus, -a, -um *geeignet*	**magis** idoneus, -a, -um	**maxime** idoneus, -a, -um
noxius, -a, -um *schädlich*	**magis** noxius, -a, -um	**maxime** noxius, -a, -um
arduus, -a, -um *steil*	**magis** arduus, -a, -um	**maxime** arduus, -a, -um

Ausnahme:
Die Adjektive auf **-quus** bilden den Komparativ und den Superlativ normal, z. B.:

antiquus, -a, -um *alt* → **antiquissimus, -a, -um** *der/die/das älteste*

Unvollständige Steigerung:
Der Positiv zu einigen Komparativ- und Superlativformen fehlt. Sie gehen meist auf Orts- und Zeitadverbien oder Präpositionen zurück.

intra *innerhalb* → **interior** *der innere*, **intimus** *der innerste;*
extra *außerhalb* → **exterior**, *der äußere*, **extremus** *der äußerste;*
infra *unterhalb* → **inferior**, *der untere*, **infimus** *der unterste;*
supra *oberhalb* → **superior** *der obere*, **supremus/summus** *der oberste/letzte;*
prae *vor* → **prior** *der frühere/erste*, **primus** *der erste;*
post *nach* → **posterior** *der spätere*, **postremus** *der letzte;*
prope *nahe bei* → **propior** *der nähere*, **proximus** *der nächste;*
citra *diesseits* → **citerior**, *der diesseitige* (Superlativform nicht vorhanden);
ultra *jenseits* → **ulterior**, *der jenseitige*, **ultimus** *der entfernteste, letzte*

Pronomen

Pronomen werden auch *Fürwörter* genannt, weil sie sich meist auf einen vorangegangenen oder folgenden Text beziehen. Sie stehen also für ein bereits genanntes Substantiv bzw. eine Wortgruppe oder einen ganzen Satz.
Gerade in Gestalt des Neutrums Singular oder Plural (z. B. **id, ea**; **hoc, haec**; **quod, quae**; **tale, talia**; …) können Pronomina den Inhalt oder den Gedanken eines ganzen Satzes, Absatzes oder noch mehr in sich tragen, haben dann also kein direktes Bezugswort, sondern einen Bezugskontext, beispielsweise:

Quod erat demonstrandum.	*Was zu beweisen war.*
Dum haec geruntur, …	*Während dies geschieht, …*

Viele Pronomen werden sowohl substantivisch (d. h. alleine stehend, selbständig) als auch adjektivisch (d. h. neben einem Substantiv) verwendet. Selbständige lateinische Pronomina stehen häufig im Neutrum Plural und werden dann im Deutschen mit Singular wiedergegeben:

Ea omnia fuerunt, quae dixerat.	*Das war alles, was er gesagt hatte.*

Personalpronomen

Lateinische Texte verzichten in der Regel auf das Personalpronomen im Nominativ, da sich diese Information bereits im Verb findet. Auch in anderen Kasus tauchen Personalpronomen weniger häufig auf als im Deutschen. Verwendung findet das Personalpronomen der 1. und 2. Person insbesondere zur Hervorhebung oder aus Gründen des Satzrhythmus. Eine lateinische Höflichkeitsform (*Sie, Ihnen* …) gibt es nicht.

	1. Person Singular		2. Person Singular	
Nom.	**ego**	*ich*	**tū**	*du*
Gen.	**meī**	*meiner*	**tuī**	*deiner*
Dat.	**mihi**	*mir*	**tibi**	*dir*
Akk.	**mē**	*mich*	**tē**	*dich*
Abl.	**ā mē** **mēcum**	*von mir* *mit mir*	**ā tē** **tēcum**	*von dir* *mit dir*

	1. Person Plural		2. Person Plural	
Nom.	**nōs**	*wir*	**vōs**	*ihr*
Gen.	**nostrī**	*unser*	**vestrī**	*euer*
Dat.	**nōbīs**	*uns*	**vōbīs**	*euch*
Akk.	**nōs**	*uns*	**vōs**	*euch*
Abl.	**ā nōbīs** **nōbīscum**	*von uns* *mit uns*	**ā vōbīs** **vōbīscum**	*von euch* *mit euch*

Im Genitiv Plural existieren neben den regulären Formen **nostri/vestri** auch die Formen **nostrum/vestrum**, wenn eine Teilmenge aus einer Gesamtmenge bezeichnet wird (sogenannter **Genitivus partitivus** → s. Kap. 9). Also:

odium vestri *der Hass auf euch* Aber: **quis vestrum?** *Wer von euch?*

	3. Person Singular und Plural	
Nom.	-	-
Gen.	**suī**	*seiner/ihrer*
Dat.	**sibi**	*sich*
Akk.	**sē** (auch **sese**)	*sich*
Abl.	**ā sē** (auch **a sese**) **sēcum**	*von sich* *mit sich*

Diese Formen der 3. Person sind reflexiv, d. h. sie werden nur dann verwendet, wenn damit auf das Subjekt des Satzes verwiesen wird. Sie sind in Singular und Plural identisch.

Marcus se laudat. *Marcus lobt sich (selbst).*
Marcus et Quintus se laudant. *Marcus und Quintus loben sich (selbst).*

Bezieht sich das Personalpronomen der 3. Person aber nicht auf das Subjekt des Satzes, sondern auf eine weitere, bereits erwähnte dritte Person/Sache, handelt es sich also um ein nichtreflexives Personalpronomen der 3. Person, wird das Demonstrativpronomen **is, ea, id** oder auch **ille, illa, illud** verwendet.

Quintus bene respondet. Magister eum laudat.
Quintus antwortet richtig. Der Lehrer lobt ihn.

Das reflexive Personalpronomen findet sich auch in Final-, Begehr-, indirekten Fragesätzen, in Nebensätzen mit obliquem Konjunktiv sowie im AcI, wenn es sich auf das Subjekt des übergeordneten Satzes bezieht:
Iulia optavit, ut Lucius sibi confideret.
Julia wünschte sich, dass Lucius ihr vertraute.

Aber Achtung: Je nach Zusammenhang kann das reflexive Personalpronomen auch auf ein Element im Nebensatz verweisen. Ohne Kontext ist der angeführte Beispielsatz also doppeldeutig:
Iulia optavit, ut Lucius sibi confideret.
Julia wünschte sich, dass Lucius auf sich (selbst) vertraute.

Possessivpronomen

Wie die Adjektive, so sind auch die **Possessivpronomen** meist in Kasus, Numerus und Genus einem Substantiv (Bezugswort) angeglichen. Sie werden dekliniert wie die Adjektive der a-/o-Deklination:

Singular
1. Person **meus, -a, -um** *mein*
2. Person **tuus, -a, -um** *dein*
3. Person **suus, -a, -um** *sein/ihr*

Plural
1. Person **noster, -tra, -trum** *unser*
2. Person **vester, -tra, -trum** *euer*
3. Person **suus, -a, -um** *ihr*

Der Vokativ Sg. m. von **meus** lautet **mi**:
Quid fecisti, mi fili? *Was hast du getan, mein Sohn?*

Possessivpronomina bezeichnen eine Zugehörigkeit. Wie schon bei den Personalpronomen, ist das Lateinische auch bei den Possessivpronomen meist knapper als das Deutsche:

Iulia amicum vocat. *Julia ruft ihren Freund.*

Ansonsten werden die Possessivpronomen der 1. und 2. Person sprachgleich verwendet. Für die 3. Person dagegen kennt das Lateinische wie schon beim Personalpronomen nur ein eigenes reflexives Possessivpronomen (**suus, -a, -um**), das auf die Zugehörigkeit zum Subjekt des Satzes verweist. Man übersetzt entsprechend mit *sein* oder *ihr*:

Marcus tabulam suam quaerit. *Markus sucht seine (= eigene) Schreibtafel.*

Als nichtreflexive Possessivpronomen der 3. Person dienen die Genitivformen des Demonstrativpronomens **is, ea, id bzw. ille, illa, illud**, also je nach Genus und Numerus des „Besitzers" **eius, eorum/earum bzw. illius, illorum/illarum**. Das Deutsche benutzt hier ebenfalls *sein* bzw. *ihr*, zur Verdeutlichung ist aber ggf. der Genitiv *dessen* bzw. *deren* zu benutzen:

Iulia tabulam eius condidit. *Julia hat seine/dessen Tafel versteckt.*

Wie schon für das reflexive Personalpronomen, so gilt auch für das reflexive Possessivpronomen **suus, -a, -um**, dass es aus einem Nebensatz in den Hauptsatz „hineingreifen" kann:
Siculi orabant, ut Cicero patronus suus esset.
Die Einwohner Siziliens baten, dass Cicero ihr Anwalt wäre (sein sollte) [im Prozess gegen den Statthalter Verres].

Auch **meus, tuus, suus (-a, -um)** werden adjektivisch (z. B. **mea culpa** *meine Schuld*) oder substantivisch gebraucht:
Sui eum interfecerunt. *Seine eigenen Leute brachten ihn um.*

Demonstrativpronomen

Demonstrativpronomen weisen auf eine bestimmte Person oder Sache hin. Verwendet werden können sie dabei adjektivisch (KNG-Kongruenz zum Bezugswort) oder substantivisch:

ille vir *jener Mann* **haec dixit:** *… er sagte Folgendes: …*

Alle Demonstrativpronomen enden im Genitiv Singular auf **-ius** und im Dativ Singular auf **-i** (Achtung bei **hic, haec, hoc**).

is, ea, id dieser, diese, dieses; er, sie, es

	Singular			Plural		
	m.	f.	n.	m.	f.	n.
Nom.	is	ea	id	eī/iī	eae	ea
Gen.	eius	eius	eius	eōrum	eārum	eōrum
Dat.	eī	eī	eī	eīs/iīs	eīs/iīs	eīs/iīs
Akk.	eum	eam	id	eōs	eās	ea
Abl.	eō	eā	eō	eīs/iīs	eīs/iīs	eīs/iīs

Dieses Pronomen verweist ausschließlich auf etwas, das im Text genannt wird bzw. wurde. Es kann dabei auf Gesagtes zurück- und auf noch Kommendes vorausverweisen. Die angemessene Übersetzung dieses Pronomens im Deutschen liegt daher je nach gedanklichem Kontext zwischen dem Personalpronomen *er, sie, es* (vgl. Gebrauch von **is, ea, id** als nichtreflexives Personalpronomen der 3. Person) sowie (betontem) *der, die, das* oder auch *dieser, diese, dieses*.

Die Genitivformen **eius** und **eorum/earum** dienen zudem als nichtreflexives Possessivpronomen der 3. Person.

idem, eadem, idem derselbe, dieselbe, dasselbe

Das Pronomen setzt sich aus den Formen von **is, ea, id** und dem Suffix **-dem** zusammen.

	Singular			Plural		
	m.	f.	n.	m.	f.	n.
Nom.	īdem	eadem	idem	īdem	eaedem	eadem
Gen.	eiusdem	eiusdem	eiusdem	eōru**n**dem	eāru**n**dem	eōru**n**dem
Dat.	eīdem	eīdem	eīdem	eīsdem / iīsdem	eīsdem / iīsdem	eīsdem / iīsdem
Akk.	eu**n**dem	ea**n**dem	idem	eōsdem	eāsdem	eadem
Abl.	eōdem	eādem	eōdem	eīsdem / iīsdem	eīsdem / iīsdem	eīsdem / iīsdem

idem, eadem, idem dient dem Vergleich, bei dem die verglichenen Elemente miteinander identisch oder gleich sind. Das Element, mit dem verglichen wird, wird meist mit **atque** oder mit einem Relativpronomen im selben Fall angeschlossen:

idem atque tu *derselbe wie du*
Eosdem libros legi quos Epicurus. *Ich habe dieselben Bücher gelesen wie Epikur.*

hic, haec, hoc dieser, diese, dieses (hier)

	Singular			Plural		
	m.	f.	n.	m.	f.	n.
Nom.	hic	haec	hoc	hī	hae	haec
Gen.	huius	huius	huius	hōrum	hārum	hōrum
Dat.	huic	huic	huic	hīs	hīs	hīs
Akk.	hunc	hanc	hoc	hōs	hās	haec
Abl.	hōc	hāc	hōc	hīs	hīs	hīs

hic, haec, hoc bezieht sich auf eine Person/Sache, die der sprechenden Person räumlich, zeitlich oder gedanklich nahe ist. In einem Text nimmt es Bezug auf etwas zuletzt Genanntes oder direkt Folgendes.

ille, illa, illud jener, jene, jenes

	Singular			Plural		
	m.	f.	n.	m.	f.	n.
Nom.	ille	illa	illu**d**	illī	illae	illa
Gen.	illīus	illīus	illīus	illōrum	illārum	illōrum
Dat.	illī	illī	illī	illīs	illīs	illīs
Akk.	illum	illam	illu**d**	illōs	illās	illa
Abl.	illō	illā	illō	illīs	illīs	illīs

ille, illa, illud bezieht sich auf eine von der sprechenden Person entfernte Person/Sache, bezeichnet daneben aber auch berühmte Personen/Dinge (z. B. **ille philosophus** *jener berühmte Philosoph*).

ille, illa, illud steht nicht selten auch in der Funktion eines bestimmten Artikels *der, die, das* bzw. des Personalpronomens *er, sie, es* und wurde so zum Vorläufer des bestimmten Artikels und des Personalpronomens in den romanischen Sprachen.

In einem Text nimmt **ille** kontrastiv zu **hic** Bezug auf etwas zuerst Genanntes:
Titus et Marcus in foro stant. Hic narrat, ille audit.
Titus und Markus stehen auf dem Marktplatz. Dieser (= Markus) erzählt, jener (= Titus) hört zu.

iste, ista, istud dieser, diese, dieses (da)

	Singular			Plural		
	m.	f.	*n.*	*m.*	f.	n.
Nom.	iste	ista	istu**d**	istī	istae	ista
Gen.	istīus	istīus	istīus	istōrum	istārum	istōrum
Dat.	istī	istī	istī	istīs	istīs	istīs
Akk.	istum	istam	istu**d**	istōs	istās	ista
Abl.	istō	istā	istō	istīs	istīs	istīs

iste, ista, istud bezieht sich auf alles, was die sprechende Person dem Umfeld der Lesenden/Hörenden zuordnet, und hat damit die Eigenschaft, die Lesenden/Hörenden direkt in die Darlegung einzubeziehen. Durch diese Hinwendung zu den Angesprochenen besitzt **iste** manchmal einen **abwertenden** Sinn:

iste homo *dieser Kerl (da)*

ipse, ipsa, ipsum selbst

	Singular			Plural		
	m.	f.	*n.*	*m.*	f.	n.
Nom.	ipse	ipsa	ipsum	ipsī	ipsae	ipsa
Gen.	ipsīus	ipsīus	ipsīus	ipsōrum	ipsārum	ipsōrum
Dat.	ipsī	ipsī	ipsī	ipsīs	ipsīs	ipsīs
Akk.	ipsum	ipsam	ipsum	ipsōs	ipsās	ipsa
Abl.	ipsō	ipsā	ipsō	ipsīs	ipsīs	ipsīs

ipse, ipsa, ipsum hebt eine Person oder Sache besonders hervor. Oft wird im Deutschen mit verschiedenen Umschreibungen übersetzt:

Cicero ipse *Cicero selbst/persönlich*; **sapientia ipsa** *die Weisheit an sich*; **ad campum ipsum** *direkt am Feld*; **eodem ipso die** *gerade/genau an demselben Tag*; **conspectus ipse** *schon der Anblick/der bloße Anblick*

Interrogativpronomen

Interrogativpronomen leiten direkte und indirekte Fragesätze ein.

Substantivisch: *quis? / quid? Wer? / Was?*

Im substantivischen Gebrauch unterscheidet man nur zwischen einer maskulinen/femininen Form für die Frage nach Personen und einer Neutrum-Form für die Frage nach Sachen/Vorgängen. Es gibt keine Pluralformen.

	m. + f.		n.	
Nom.	quis?	*wer?*	quid?	*was?*
Gen.	cuius?	*wessen?*		
Dat.	cui?	*wem?*		
Akk.	quem?	*wen?*	quid?	*was?*
Abl.	ā quō? quōcum?	*von wem?* *mit wem?*		

Quis id fecit? *Wer hat das getan?*
Quid vis? *Was willst du?*
Quocum collocutus (-a) es? *Mit wem hast du (m./f.) dich unterhalten?*

Adjektivisch: *qui, quae, quod? welcher, welche, welches?*

Das Interrogativpronomen **qui, quae, quod** als Begleiter existiert im Singular und Plural und hat dieselben Formen wie das nachfolgend besprochene Relativpronomen. Mit ihm fragt man nach der Beschaffenheit, dem Charakter bzw. dem Namen von jemandem/etwas:

Quibus rebus opus est vobis? *Welche Dinge braucht ihr?*

Relativpronomen

qui, quae, quod welcher, welche, welches; der, die, das

	Singular			Plural		
	m.	f.	n.	m.	f.	n.
Nom.	quī	quae	quod	quī	quae	quae
Gen.	cuius	cuius	cuius	quōrum	quārum	quōrum
Dat.	cui	cui	cui	quibus	quibus	quibus
Akk.	quem	quam	quod	quōs	quās	quae
Abl.	quō	quā	quō	quibus	quibus	quibus

Für **quibus** kann auch die Form **quis** stehen, der Ablativ verbunden mit **cum** (*mit*) lautet meist **quocum, quacum, quibuscum.**

Wie im Deutschen leiten Relativpronomen Relativsätze ein, die auf etwas Vorausgegangenes Bezug nehmen. Sie verknüpfen somit zwei Sätze miteinander.

Besondere Vorsicht ist geboten, wenn „typisch lateinische“ Konstruktionen, wie z. B. der AcI, in einem Relativsatz auftreten (sog. verschränkter Relativsatz ▸ Kap. 11, S. 113). In solchen Fällen muss man die lateinische Ausdrucksweise „entwirren“:
Cicero, quem inter maximos oratores Romanos esse constat, de re publica etiam valde est meritus. (AcI im Relativsatz)
Cicero, von dem feststeht, dass er zu den größten römischen Rednern gehört, hat sich auch sehr um den Staat verdient gemacht.

qui, quae, quod kann auch als so genannter <u>relativer Satzanschluss</u> (▶ Kap. 11, S. 112) am Satzanfang stehen. Es bezieht sich dann auf ein Wort im vorangehenden Satz bzw. den gesamten vorhergehenden Satz und wird mit *dieser, diese, dieses* übersetzt:
Res loquitur ipsa, iudices; quae semper valet plurimum.
Die Angelegenheit spricht für sich; (und) **das/dies** *wiegt immer am schwersten.*

Verallgemeinernde Relativpronomen

quicumque, quaecumque, quodcumque *jeder, der; wer / was auch immer*

An die Formen von **qui, quae, quod** wird das unveränderliche Suffix **-cumque** angehängt.
Quicumque facinus committit, iudicatur.
Jeder, der eine Straftat begeht, wird verurteilt.

quisquis / quidquid (quicquid) *wer / was nur immer; jeder, der / alles, was*

Außer den Nominativ- und Akkusativformen ist für dieses Pronomen nur noch der Ablativ Singular in der Verbindung **quoquo modo** *auf welche Weise auch immer / auf jede nur mögliche Art und Weise* in Gebrauch. Im Gegensatz zu **quicumque** werden beide Wortbestandteile dekliniert.

Quoquo modo intrare temptabat.
Er versuchte auf jede nur mögliche Art und Weise, sich Zugang zu verschaffen.

Indefinitpronomen

aliquis / aliquid und *aliqui, aliqua, aliquod*

<u>Deklination</u> von **aliquis, aliquid** *irgendjemand, irgendetwas* (substantivisch):
ali- + Formen des substantivischen Interrogativpronomens **quis / quid**

<u>Deklination</u> von **aliqui, aliqua, aliquod** *irgendein/e* (adjektivisch):
ali- + Formen des adjektivischen Interrogativpronomens **qui, quae, quod**

Abweichend:
Nom. Sg. f.: **aliqua** Nom./Akk. Pl. n.: **aliqua**

Das substantivische **aliquis** *irgendjemand* bzw. **aliquid** *irgendetwas* und das adjektivische **aliqui, aliqua, aliquod** *irgendein* weisen auf jemanden/etwas hin, über den/das nichts Näheres bekannt ist.

Gleiche Bedeutung wie **aliquis** usw., aber seltener sind: **quispiam / quidpiam** (subst.) und **quipiam, quaepiam, quodpiam** (adj.) *irgendwer, irgendetwas; irgendeiner*

Nach **si, nisi, ne, num, quo, ubi** und **cum** fällt das Präfix **ali-** „um".
Si ~~ali~~quis me adiuvaret, beatissimus essem.
Wenn mir irgendjemand helfen würde, wäre ich überglücklich.

quisquam /quidquam (quicquam) und *ullus, -a, -um*

Deklination von **quisquam** *irgendjemand*, **quidquam / quicquam** *irgendetwas* (substantivisch) wie **quis / quid** (▸ S. 35 f.) + -quam

Deklination von **ullus, -a, -um** *irgendein/e* (adjektivisch) wie **ille, illa, illud.** Abweichend: Formen im Nominativ Singular

Während **aliquis / aliquid** bzw. **aliqui, aliqua, aliquod** in bejahenden Sätzen verwendet werden, finden sich in (manchmal auch nur dem Sinn nach) verneinten und als eher unwahrscheinlich gekennzeichneten Sätzen **quisquam** bzw. **quidquam / quicquam** und **ullus, -a, -um.**

Nolo quemquam id scire. *Ich will nicht, dass irgendjemand das weiß.*
Nego id ullo modo fieri posse.
Ich streite ab, dass dies auf irgendeine Weise möglich ist.

quisque / quidque und *quisque, quaeque, quodque*

Deklination von **quisque / quidque** *jeder / jedes Einzelne* (substantivisch) wie **quis / quid** (▸ S. 35 f.) **+ -que**

Deklination von **quisque, quaeque, quodque** *jeder / jede / jedes einzelne* (adjektivisch) wie adjektivisches **qui, quae, quod** (▸ S. 36) **+ -que**
Abweichend: Nominativ Singular Maskulinum: **quisque**

quisque bzw. **quidque** und **quisque, quaeque, quodque** unterstreichen – im Gegensatz zum kollektiv gemeinten **omnis, -e** *jeder, (Pl.) alle* – den Einzelnen.

Steht **quisque** bei einem **Superlativ**, wird es mit *gerade* übersetzt (Achtung: Im Lateinischen steht hier Singular!):
Minimus quisque saepe fortissimus est.
Gerade die Kleinsten sind oft die Stärksten.

Das Pronomen **unusquisque, unaquaeque, unumquodque / unumquidque** ist eine Zusammensetzung von **unus, -a, -um** *einer* und **quisque, quaeque, quodque / quidque** und hebt den Aspekt des Einzelnen hervor: *jeder / jedes einzelne.*

quivis, quaevis, quodvis und *quilibet, quaelibet, quodlibet*

Deklination von **quivis, quaevis, quodvis** und **quilibet, quaelibet, quodlibet** (adjektivisch) (substantivisch: **quidvis** bzw. **quidlibet** statt **quodvis** bzw. **quodlibet**) wie adjektivisches Interrogativpronomen **qui, quae, quod** (▸ S. 36)(bzw. substantivisches **quid**) **+ -vis/-libet**

Beide Pronomen drücken Beliebigkeit aus. Die sprechende Person betont, dass sie sich in keinerlei Hinsicht festlegen will: *jeder/jede/jedes beliebige, der/die/das erste Beste*

Quemlibet cibum tibi parare possum.
Ich kann dir jede beliebige Speise zubereiten.

quidam, quaedam, quiddam und *quidam, quaedam, quoddam*

Deklination von **quidam, quaedam, quiddam** *ein/e Gewisse/r / Bestimmte/r* (substantivisch) wie adjektivisches Interrogativpronomen **qui, quae, quod + -dam**

Abweichend: Nominativ/Akkusativ Singular Neutrum: **quiddam**

Deklination von **quidam, quaedam, quoddam** *ein/e gewisse/r / bestimmte/r* (adjektivisch) wie adjektivisches Interrogativpronomen **qui, quae, quod + -dam**

-m- wird vor **-dam** zu **-n-**
(Akk. Sg. **quendam/quandam**, Gen. Pl. **quorundam/quarundam**).

quidam, quaedam, quiddam und **quidam, quaedam, quoddam** weisen auf jemanden/etwas hin, über den/das man nichts Näheres sagen kann/will, z. B. weil die genaue Identität keine Rolle spielt. Im Plural bedeutet es oft *einige, manche*:

Quidam obviis narrant, quae tantum amicis committenda sunt.
Bestimmte Leute/Manche erzählen jedem auf der Straße, was nur Freunden anzuvertrauen ist.

In bestimmten Fällen, wenn **quidam** ein Adjektiv ergänzt, liegt eine Übersetzung z. B. mit dem Adverb *gewissermaßen, sozusagen* nahe:
insatiabilis quaedam cupiditas *eine sozusagen unersättliche Begierde*

nemo / nihil (nil) und *nullus, -a, -um*

nemo /nihil (nil) *niemand / nichts* (meist substantivisch) kommt nur im Singular vor:

	m. + f.	n.
Nom.	nēmō	nihil
Gen.	nūllīus	nūllīus reī
Dat.	nēminī	nūllī reī
Akk.	nēminem	nihil
Abl.	nūllō	nūllā rē

nihil (nil) *nichts* (Nom. und Akk.) wird nicht dekliniert. Es gibt aber auch das Substantiv **nihilum** *nichts, das Nichts*, zu dem etwa der Ablativ **nihilo** und der Genitiv **nihili** gehören (z. B. **pro nihilo putare** oder **nihili aestimare** *geringschätzen*). Für andere Kasus tritt **nulla res** *„keine Sache“* ein (s. Tabelle).

Deklination von **nullus, -a, -um** *keiner, niemand* (adjektivisch und substantivisch) wie **ille, illa, illud** (▸ S. 34).
Abweichend: Formen im Nominativ Singular

nullus, -a, -um wird im Lateinischen nur für die Verneinung des jeweiligen Substantivs verwendet. Ist der Satz verneint, steht **non** *nicht*, das im Deutschen jedoch oft mit *kein* wiedergegeben werden kann:
Is senator non est. *Er ist kein Senator.*

Korrelativpronomen

Bei den Korrelativpronomen handelt es sich um aufeinander bezogene Pronomen, die für Vergleiche herangezogen werden und die eine wechselseitige Beziehung der Quantität oder Qualität zweier Elemente oder Gruppen darstellen:

Quot homines, tot sententiae. *Wie viele Köpfe (Menschen), so viele Meinungen.*

Wie schon an diesem Beispiel ersichtlich ist, „korrelieren" die entsprechenden Wörter auch lautlich miteinander: im Deutschen **s-** und **w-**, im Lateinischen **t-** und **qu-**.

Adjektive:

tantus, -a, -um *so groß*	**quantus, -a, -um** *wie (groß)*
talis, -e *so beschaffen, solch ein*	**qualis, -e** *wie (beschaffen)*
tot *so viele*	**quot** *wie (viele)*
tantum *so viel*	**quantum** *wie (viel)*

Adverbien:

tam *so*	**quam** *wie*
tantum *so sehr, so viel*	**quantum** *wie (sehr, viel)*
totiens *so oft*	**quotiens** *wie (oft)*

Die Pronomen **quantus, -a, -um**, **qualis, -e**, **quot** und **quantum** können auch als Fragepronomen auftreten:

Nescio, quot libros iam legi.
Ich weiß nicht, wie viele Bücher ich schon gelesen habe.

Deklination:
tantus, -a, -um und **quantus, -a, -um** wie Adjektive der a-/o-Dekl. (▸ S. 21);
talis, -e und **qualis, -e** wie Adjektive der 3. Dekl. (▸ S. 23);
tot und **quot** usw. werden nicht dekliniert.
Den substantivisch gebrauchten Neutra **tantum** usw. folgt eine Ergänzung im Genitiv: z. B. **tantum pecuniae?** *wie viel an Geld?*

Pronominaladjektive

Einige Adjektive werden wie Pronomina dekliniert, enden also im Genitiv Singular auf **-ius** und im Dativ Singular auf **-i**. Alle anderen Formen werden dekliniert wie Adjektive der a-/o-Deklination. Es handelt sich dabei um folgende Wörter:

totus,-a, -um	*ganz*
solus,-a, -um	*allein, einzig (Betonung der Isoliertheit)*
unus,-a, -um	*einer, ein einziger (Betonung der Ein-Zahl)*
nullus,-a, -um	*keiner*
ullus,-a, -um	*irgendeiner*
alius,-a, -ud	*ein anderer*
alter,-era, -erum	*der eine/andere (von zweien)*
alter ... alter ...	*der eine ... der andere ... (von zweien)*
uter, -tra, -trum	*wer (von beiden)?*
uterque, utraque, utrumque	*jeder, beide (von zweien)*
neuter,-tra, -trum	*keiner (von beiden)*

alter, -era, -erum, alter … alter …, uter, -tra, -trum, uterque, utraque, utrumque und **neuter, -tra, -trum** beziehen sich jeweils auf eine Gruppe von zwei Leuten/Dingen. Das Prädikat im lateinischen Satz steht bei diesen Pronominaladjektiven allerdings in der Regel im Singular:

Uterque consul Romae adest.	*Beide Konsuln befinden sich in Rom.*

Man unterscheidet: **alius, -a, -ud** *der andere* wird bei mehreren Leuten (*der andere* gegenüber einer bestimmten genannten Gruppe), **alter** *der eine/andere* bei zwei Leuten verwendet.

Bei **alius, -a, -ud** lautet der Genitiv Singular **alterius** und der Dativ Singular **alteri** oder **alii.**

Präpositionen

Präpositionen geben ein räumliches Verhältnis, eine zeitliche Referenz oder eine logische Beziehung (= übertragene Bedeutung) an. Wie im Deutschen stehen Präpositionen in der Regel vor einem Nomen. Einige wenige sind jedoch bisweilen oder grundsätzlich nachgestellt (sog. Postpositionen). Die lateinischen Präpositionen lassen sich entsprechend dem Kasus, in dem die ihnen folgenden Substantive stehen müssen, in mehrere Gruppen aufteilen:

mit Genitiv	**causa, gratia**
mit Akkusativ	**ad, adversus, ante, apud, circa/circum, citra, contra/erga, extra, infra, inter, intra, iuxta, ob, per, post, praeter, prope, propter, supra, trans, ultra**
mit Ablativ	**a(b), de, e(x), cum, sine, prae, pro**
mit Akkusativ oder Ablativ	**in, sub, super**

Nur bei den Präpositionen der letzten Gruppe spielt der Kasus für die Übersetzung eine Rolle. Hier gibt ein folgender Akkusativ eine Richtung auf die Frage *Wohin?* und ein folgender Ablativ einen Ort auf die Frage *Wo?* an:

in aquam *ins Wasser*; aber **in aqua** *im Wasser*

Eine Eigentümlichkeit des Lateinischen besteht darin, dass recht häufig Präpositionen zwischen das zugehörige Substantiv und sein Attribut gestellt werden, z. B.: **hac in urbe** *in dieser Stadt*

Ebenfalls wie im Deutschen sind Präpositionen oft Bestandteil zusammengesetzter Verben (sog. Komposita). Auslautende Konsonanten werden dabei nicht selten assimiliert, z. B. **ad – ferre → afferre** *hin-tragen*

Im Folgenden werden die wichtigsten Präpositionen mit typischen bzw. beispielhaften Wendungen aufgelistet.

Präpositionen mit Akkusativ

ad *zu, an, bei*

- Orts-/Richtungsangaben: **ad flumen properare** *zum Fluss eilen,* **ad forum stare** *beim/am Marktplatz stehen*
- Zeitangaben: **ad vesperum** *gegen/bis zum Abend,* **ad multam noctem** *bis tief in die Nacht*
- Maß-/Zahlangaben: **ad trecentos** *gegen/ungefähr dreihundert*
- Zweckangaben: **aptus ad insidias** *geeignet für einen Hinterhalt,* **ad pugnandum** *zum Kämpfen*
- Angaben der Art und Weise: **ad haec respondere** *darauf antworten,* **ad suum arbitrium** *nach seinem Willen*

adversus *gegenüber, gegen*

- Ortsangaben: **adversus collem consistere** *sich gegen den Hügel hin aufstellen*
- freundliche/feindliche Einstellungen: **adversus leges agere** *gegen die Gesetze handeln*

ante *vor*

- Ortsangaben: **ante portam** *vor dem Tor (mit dem Gesicht zum Tor hin)* (▸ s. auch, S. 45 **pro**)
- Zeitangaben: **ante lucem** *vor Tagesanbruch*

apud *bei*

- Ortsangaben: **apud amicum esse** *bei einem Freund sein,* **multum valere apud senatores** *großen Einfluss bei den Senatoren haben,* **apud iudices loqui** *vor den Richtern sprechen*

circa/circum *ringsum, ungefähr*

- Ortsangaben: **circum/circa urbem** *rings um die Stadt*
- Zeitangaben (nur **circa**): **circa eandem horam** *ungefähr zur selben Stunde*
- Zahlenangaben (nur **circa**): **circa quingentos Romanos** *ungefähr 500 Römer*

citra *diesseits*

- Ortsangaben: **citra Alpes** *diesseits der Alpen*

contra/erga *gegen*

- Ortsangaben (nur **contra**): **contra portum esse** *dem Hafen gegenüber liegen*
- feindliche (contra)/freundliche (erga) Einstellungen: **contra naturam** *gegen/wider die Natur,* **gratus erga amicum** *dankbar gegenüber dem Freund*

extra *außerhalb*

- Ortsangaben: **extra munitiones** *außerhalb der Befestigungen*
- Ausdruck einer Ausnahme: **extra te unum** *dich allein ausgenommen*
- Ausdruck einer Überschreitung: **extra modum** *über das Maß hinaus, maßlos*

infra *unterhalb*

- Ortsangaben: **infra eum locum** *unterhalb dieses Ortes*
- Angabe einer Größe, einer Zahl oder eines Ranges: **virtute paulo infra amicum esse** *dem Freund an Tugend nur wenig nachstehen*

inter *zwischen, unter*

- Ortsangaben: **inter urbem et flumen** *zwischen der Stadt und dem Fluss*
- Zeitangaben: **inter tot annos** *während so vieler Jahre*
- Ausdruck einer Wechselbeziehung: **inter se** *untereinander, gegenseitig*

intra *innerhalb*

- Ortsangaben: **intra muros** *innerhalb der Mauern*
- Zeitangaben: **intra paucos dies** *innerhalb weniger Tage*

ob *entgegen, wegen, vor … hin*

- Ortsangaben: **ob oculos versari** *vor Augen schweben*
- Angabe eines Zwecks/Grundes: **ob eam rem** *deswegen*

per *durch*

- Ortsangaben: **iter per silvam facere** *durch den Wald laufen*
- Zeitangaben: **per decem dies** *zehn Tage lang*
- Angaben der Art und Weise: **per legatos comperire** *durch Gesandte erfahren,* **per litteras** *schriftlich,* **per vim** *gewaltsam*
- Angabe eines hindernden/gestattenden Elements: **per me licet** *meinetwegen*
- Bitten/Schwüre: **per deos immortales** *bei den unsterblichen Göttern*

post *hinter, nach*

- Ortsangaben: **post arborem esse** *sich hinter dem Baum befinden*
- Zeitangaben: **post paucos dies** *nach wenigen Tagen,* **post hominum memoriam** *seit Menschengedenken*

praeter *vorbei … an, über … hinaus*

- Richtungsangaben: **praeter oculos omnium** *an den Augen aller vorbei*
- Überschreiten eines Maßes: **praeter naturam** *widernatürlich,* **praeter consuetudinem** *gegen die Gewohnheit*
- Ausdruck eines höheren Grades: **praeter ceteros** *vor den übrigen*
- ausschließender Ausdruck: **omnes praeter unum** *alle außer einem*

prope *nahe bei*

- Ortsangaben: **prope oppidum** *nahe bei der Stadt*

propter *nahe bei, wegen*

- Ortsangaben: **propter aquam** *nahe am Wasser*
- Angabe eines Grundes: **propter frigora** *wegen der Kälte*
  propter amicos vivit *er hat es den Freunden zu verdanken, dass er lebt*

supra *oberhalb, über*

- Ortsangaben: **supra urbem** *oberhalb der Stadt*
- Zeitangaben: **supra septingentesimum annum** *über 700 Jahre*

trans *jenseits, über … hinüber*

- Orts-/Richtungsangaben: **trans flumen** *jenseits des Flusses,* **trans Alpes transferre** *über die Alpen hinübertragen*

ultra *jenseits, über … hinaus*

- Ortsangaben: **ultra montes** *jenseits der Berge*
- Zahl-/Maßangaben: **ultra modum** *über das Maß hinaus*

Präpositionen mit Ablativ

a(b) *von … weg, her, aus* (**a** nur vor Konsonanten)

- Orts-/Richtungsangaben: **ab urbe** *von der Stadt weg/aus der Stadt,* **procul a castris** *fern vom Lager,* **a fronte/a tergo** *von vorne/im Rücken*
- Zeitangaben: **a pueritia** *von Kindheit an,* **ab urbe condita** *seit Gründung der Stadt*
- Angabe eines Urhebers: **reprehendi a patre** *vom Vater geschimpft werden*
- Angabe der Herkunft/des Beginns: **appellare filium ab amico** *den Sohn nach dem Freund benennen,* **ab initio** *von Anfang an*

- Ausdrücke des Losmachens/Schützens/Leerseins: **liberare a tyranno** *vom Tyrannen befreien,* **defendere ab hostibus** *sich gegen die Feinde verteidigen*
- Ausdrücke der Verschiedenheit: **differe ab animalibus** *sich von den Tieren unterscheiden*

cum *mit*

- Ausdruck der Begleitung/des Umgangs: **cum amico cenare** *mit dem Freund speisen,* **cum hostibus pugnare** *mit den (= gegen die) Feinden kämpfen*
- Ausdruck der Gleichzeitigkeit: **cum prima luce** *bei Tagesanbruch*
- Ausdruck des Übereinstimmens/Abweichens: **consentire cum amica** *mit der Freundin übereinstimmen*
- Angabe begleitender Nebenumstände: **multis cum lacrimis** *unter vielen Tränen*
- Ausdruck des Versehenseins: **esse cum libro** *ein Buch bei sich haben,* **cum gravi vulnere** *schwer verwundet*

de *von … herab, über*

- Richtungsangaben: **de muro desilire** *von der Mauer herabspringen*
- Zeitangaben: **media de nocte** *noch mitten in der Nacht*
- Angabe eines Grundes/einer Ursache: **gravi de causa** *aus gewichtigem Grund,* **qua de causa** *deswegen*
- Ausdruck einer Hinsicht/eines betrachteten Objekts: **de pretio dicere/agere** *über den Preis reden/verhandeln*
- Angabe einer eingehaltenen Norm: **de mor**e *gemäß der Sitte*

e(x) *aus* (**e** nur vor Konsonanten)

- Richtungsangaben: **exire ex urbe** *aus der Stadt herausgehen*
- Zeitangaben: **ex eo die** *seit diesem Tag,* **ex fuga** *nach der Flucht*
- Angabe eines Stoffes/Materials: **pocula ex auro** *ein Becher aus Gold*
- Angabe eines Grundes/einer Ursache: **ex eadem causa** *aus demselben Grund,* **ex vulnere mori** *an einer Wunde sterben*
- Ausdruck einer Hinsicht: **iudicare dominum ex clementia** *den Herren nach/in Hinsicht auf seine Milde beurteilen*
- Angabe einer eingehaltenen Norm: **ex foedere** *gemäß dem Vertrag*

prae *vor*

- Ortsangaben: **prae se ferre** *vor sich hertragen*
- Angabe eines Vergleichs: **prae nobis beatus** *im Vergleich zu uns glücklich*
- Angabe eines hindernden Grundes: **prae lacrimis scribere non posse** *vor Tränen nicht schreiben können*

pro *vor, für*

- Ortsangaben: **pro porta** *vor dem Tor* (mit dem Rücken zum Tor hin) (▸ s. auch **ante**, S. 43)
- Ausdruck des Schutzes/Vorteils: **pro libertate dimicare** *für die Freiheit kämpfen*
- Ausdruck der Stellvertretung/Verwechslung/Gleichstellung: **pro consule** *an Stelle eines Konsuls,* **se pro cive gerere** *sich als Bürger benehmen*
- Ausdruck der Vergeltung/eines Ausgleichs: **reum pro scelere ulcisci** *den Angeklagten für ein Verbrechen bestrafen*
- Ausdruck eines Verhältnisses: **pro multitudine hominum** *im Verhältnis zur Menschenmenge,* **tempore et pro re** *nach Zeit und Umständen*

sine *ohne*

- nur in der Bedeutung ohne: **sine spe** *ohne Hoffnung,* **sine ulla mora** *unverzüglich,* **sine dubio** *zweifellos*

Präpositionen mit Akkusativ oder Ablativ

Manche Präpositionen verändern ihre Bedeutung, je nachdem, ob sie mit Akkusativ oder mit Ablativ stehen:

in + Akk. *in, an, auf, nach* (Frage: *wohin?*)

- Richtungsangaben: **in urbem ire** *in die Stadt (hinein)gehen,* **in Asiam mittere** *nach Kleinasien schicken*
- Zeitangaben: **in perpetuum** *für immer,* **in posterum diem differre** *auf den nächsten Tag verschieben,* **in diem vivere** *in den Tag hinein leben,* **in singulos annos** *Jahr für Jahr*
- freundliche/feindliche Gesinnungsangaben: **amor in patriam** *die Liebe zur Heimat,* **impietas in deos** *Gottlosigkeit*
- Angabe räumlicher Größen/Einteilungen: **in longitudinem** *in die/der Länge,* **in altitudinem** *in die/der Höhe,* **in partes dividere** *in Teile teilen*
- Angabe der Art und Weise eines Geschehens: **in speciem** *zum Schein,* **in vicem** *abwechselnd*

in + Abl. *in, an, auf* (Frage: *wo?*)

- Ortsangaben: **in senatu dicere** *im Senat sprechen,* **in capite habere** *auf dem Kopf haben*
- Zeitangaben: **in sex mensibus** *innerhalb von sechs Monaten,* **bis in anno** *zweimal jährlich,* **in tempore** *zur rechten Zeit,* **in deliberando** *beim Überlegen*
- Angabe von Umständen/Zuständen: **magno in aere alieno** *in (= trotz) großer Schulden,* **in rebus secundis** *im Glück*
- Ausdruck von Bildung/Unterricht: **exercere mentem in artibus** *seinen Geist in den Künsten üben*
- Angabe einer Gruppenzugehörigkeit: **in numero sapientium haberi** *unter die Weisen gerechnet werden*

sub + Akk. *unter* (Frage: *wohin?*)

- Richtungsangaben: **victos sub iugum mittere** *die Besiegten knechten* (wörtl.: *unters Joch schicken*), **sub montem succedere** *an den Fuß des Berges rücken*
- Zeitangaben: **sub vesperum** *gegen Abend/kurz vor Abend*

sub + Abl. *unter* (Frage: *wo?*)

- Ortsangaben: **sub aqua** *unter Wasser,* **sub monte** *am Fuß des Berges,* **sub manu** *bei der Hand*
- Ausdruck einer Unterordnung: **sub imperio regis esse** *in der Gewalt des Königs sein*

super + Akk. *über, oben auf*

- Ortsangaben: **super flumen** *oberhalb des Flusses,* **super collem** *oben auf dem Hügel*

super + Abl. *über, in Bezug auf*

- Angabe von Zuständen: **hac super re scribere** *über diese Angelegenheit schreiben*

Postpositionen mit Genitiv

Bei **causa** und **gratia** handelt es sich um Postpositionen, weil sie stets nachgestellt sind.

causa *wegen, um … willen*

- bei Substantiven und beim Gerund(iv) mit Genitiv: **rei publicae causa** *um des Staates willen,* **dissimulandi causa** *um etwas zu verhüllen*

Im Gegensatz zu **propter** *wegen* (tatsächlicher Grund) bezeichnet **causa** *wegen* einen Zweck/eine Absicht.

gratia *wegen, zu Gunsten von*

- bei Substantiven und beim Gerund(iv) mit Genitiv: **exempli gratia** *zum Beispiel/beispielsweise*

Für **causa** und **gratia** gilt: Statt des Genitivs des Personalpronomens steht der Ablativ Singular Femininum des Possessivpronomens: **tua gratia** *deinetwegen;* **mea causa** *um meinetwillen, mir zuliebe*

Besonderheiten der Präpositionen

Anders als im Deutschen (z. B. *ein Haus am See*) werden im Lateinischen zwei Substantive sehr selten durch eine Präposition verbunden. Dies ist nur der Fall, wenn es …

… sich um einen so genannten „geschlossenen Ausdruck" handelt; dabei wird der Präpositionalausdruck umschlossen, z. B.: **castra ante oppidum posita** *das Lager vor der Stadt,* **tuus in me amor** *deine Liebe zu mir*

… oder um Begriffe aus folgenden Gruppen geht:
- Ortsangaben, z. B. **aditus ad domum** *der Zugang zum Haus*
- Stoffe/Herkunft, z. B. **statua ex auro** *eine Statue aus Gold,* **homo de plebe** *ein Mann aus dem Volk*
- Zusammengehörigkeit und Abwesenheit, z. B. **aedificium cum inscriptione** *ein Gebäude mit Inschrift,* **homo sine censu** *ein Mann ohne Vermögen*

Für die Präpositionalattribute im Deutschen (z. B. *über die Römer*) finden sich im Lateinischen also meist andere Ausdrucksweisen, beispielsweise

- ein Genitiv: **victoria Romanorum** *der Sieg über die Römer*
- ein Adjektiv: **bellum navale** *der Krieg zur See*
- ein Relativsatz: **liber, qui est de amicitia** *das Buch über die Freundschaft*

Das Verb – Grundbegriffe

Stämme

Den lateinischen Verbformen liegen drei Stämme zugrunde, die an den jeweiligen Stammformen des Verbs abzulesen sind. Die drei Stammformen sind

- die 1. Person Singular Präsens Aktiv
- die 1. Person Singular Perfekt Aktiv
- das Partizip Perfekt Passiv

Beispiel: **monere** (= Infinitiv Präsens Aktiv):

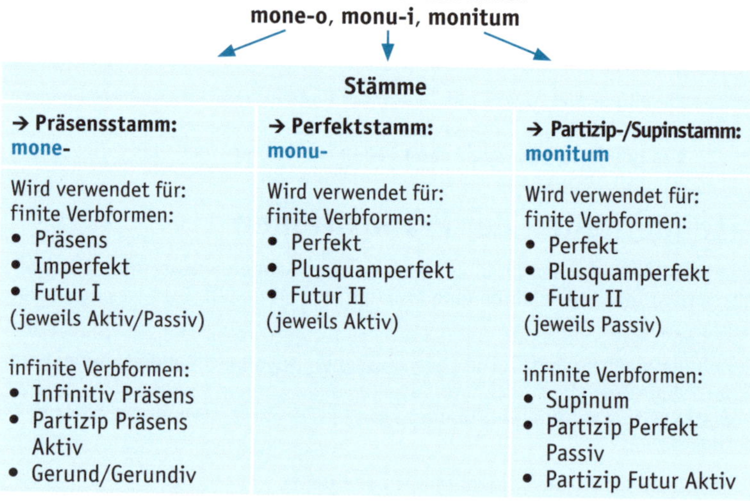

Die drei Stammformen lauten **mone-o, monu-i, monitum**

Stämme		
→ **Präsensstamm:** **mone-**	→ **Perfektstamm:** **monu-**	→ **Partizip-/Supinstamm:** **monitum**
Wird verwendet für: finite Verbformen: • Präsens • Imperfekt • Futur I (jeweils Aktiv/Passiv) infinite Verbformen: • Infinitiv Präsens • Partizip Präsens Aktiv • Gerund/Gerundiv	Wird verwendet für: finite Verbformen: • Perfekt • Plusquamperfekt • Futur II (jeweils Aktiv)	Wird verwendet für: finite Verbformen: • Perfekt • Plusquamperfekt • Futur II (jeweils Passiv) infinite Verbformen: • Supinum • Partizip Perfekt Passiv • Partizip Futur Aktiv

Die Stammformen dienen jeweils als Basis für die Bildung der verschiedenen finiten (flektierten) und infiniten (nicht flektierten) Verbformen.

Da die Stämme eines Verbs oft sehr unterschiedlich sein können, sollte man sich beim Lernen von Verben unbedingt auch immer die drei Stammformen miteinprägen!

Konjugationen

Die lateinischen Verben lassen sich insgesamt fünf Konjugationsklassen zuordnen, die nach dem Stammauslaut ihres Präsensstamms benannt sind:

- **a-Konjugation,** z. B. **rogāre, rogo** (aus **roga-o**) *ich frage*
- **i-Konjugation,** z. B. **audīre, audio** *ich höre*
- **e-Konjugation,** z. B. **monēre, moneo** *ich ermahne*
- **konsonantische Konjugation,** z. B. **ducĕre, duco** *ich führe* (hierzu zählen auch Verben mit auslautendem u-Stamm: z. B. **metuĕre**)
- **konsonantische Konjugation mit i-Erweiterung / gemischte Konjugation,** z. B. **facĕre, facio** *ich mache*

Die Quantität des **e** vor **-re** ist entscheidend! Ohne Kennzeichnung, ob der Vokal lang gesprochen wird, braucht man die 1. Person, um die Konjugation bestimmen zu können:
augere, augeo *vergrößern* ▸ e-Konjugation
mittere, mitto *schicken* ▸ konsonantische Konjugation
capere, capio *fangen* ▸ kons. Konjugation mit i-Erweiterung

Bei den Verben der konsonantischen Konjugation ist nur an den Stammformen zu erkennen, ob es sich um ein Verb der „reinen" konsonantischen Konjugation (z. B. **ducere, duco, duxi, ductum**) oder um eines der konsonantischen Konjugation mit i-Erweiterung (z. B. **facere, facio, feci, factum**) handelt. Letztere wird deshalb auch oft nicht als eigene Konjugationsklasse, sondern nur als Untergruppe der konsonantischen Konjugation angesehen.

Finite Verbformen

Man unterscheidet im Lateinischen zwischen

- finiten (= nach Person und Zahl bestimmten) Verbformen, die als Prädikate verwendet werden; sie sind vollbestimmt in Person, Numerus, Modus, Tempus und Genus:

  Person: 1. Person, 2. Person, 3. Person
  Numerus: Singular, Plural
  Modus: Indikativ, Konjunktiv, Imperativ
  Tempus: Präsens, Imperfekt, Perfekt, Plusquamperfekt, Futur I, Futur II
  Genus verbi (auch Diathese genannt): Aktiv, Passiv

- und infiniten (= unbestimmten) Verbformen: Infinitive, Gerund und Gerundiv, Partizipien, Supin.

▸ Konkrete Bildungsweise der finiten und infiniten Verbformen: ▸ s. Kap. 7.

Gruppen/Sonderformen der lateinischen Verben

Innerhalb der lateinischen Verben lassen sich mehrere Gruppen definieren:

Verba activa

Sie enden in der Grundform auf **-āre** (a-Konjugation), **-ēre** (e-Konjugation), **-īre** (i-Konjugation) oder **-ĕre** (konsonantische Konjugation/ konsonantische Konjugation mit i-Erweiterung). Verba activa können sowohl aktivische als auch passivische Formen bilden.

Aktivisch: **Hostem timet.** *Er fürchtet den Feind.*
Passivisch: **Hostis timetur.** *Der Feind wird gefürchtet.*

Verba deponentia

Auch Deponentien werden den fünf Konjugationsgruppen zugeordnet. Ihre Besonderheit: Sie haben aktivische Bedeutung, bilden aber ausschließlich passivische Formen (Ausnahme: Partizip Präsens Aktiv, z. B. **loquens** *sprechend*). Beispiel: **Hostem veretur**. *Er fürchtet den Feind.*
Die passivische Bedeutung haben sie gleichsam „abgelegt" (deponere = *ablegen*). Daher auch ihre verkürzte Stammformenreihe: z. B. **uti, utor, usus sum** *nutzen*. Wie bei den Verba activa erfolgt ihre Konjugationszuordnung über die Stammformenreihe:

- a-Konjugation: z. B. **imitārī, imitor** (aus **imita-or**) *ich ahme nach*
- i-Konjugation: z. B. **largīrī, largior** *ich (be)schenke*
- e-Konjugation: z. B. **tuērī, tueor** *ich betrachte*
- konsonantische Konjugation: z. B. **ūtī, utor** *ich nutze*
- konsonantische Konjugation mit i-Erweiterung / gemischte Konjugation: z. B. **ingredī, ingredior** *ich gehe hinein*

Semideponentien

Einige wenige Verben bilden nur einen Teil ihrer Formen als Deponentien (entweder im Präsens- oder im Perfektstamm). Die Bedeutung ist stets aktiv:

	Präsensstamm aktiv	**Perfektstamm passiv**
audere *wagen*	audeo	ausus sum
gaudere *sich freuen*	gaudeo	gavisus sum
solere *gewohnt sein*	soleo	solitus sum
confidere *vertrauen*	confideo	confisus sum
	Präsensstamm passiv	**Perfektstamm aktiv**
reverti *zurückkehren*	revertor	reverti

Komposita

Oft ist ein einfaches Verb (**verbum simplex**) mit einer Präposition zusammengesetzt und bildet so ein Kompositum. Anhand der Bedeutung von Verb und Präfix (Vorsilbe) lässt sich die Bedeutung von Komposita häufig leicht erschließen. Beispiele:

in-ire	*hinein-gehen*	**de-silire**	*herab-springen*
per-spicere	*durch-schauen*	**prae-stare**	*voran-stehen*
circum-dare	*um-geben*	**e-ducere**	*heraus-führen*
re-manere	*zurück-bleiben*	**con-trahere**	*zusammen-ziehen*

Manchmal wird der Auslaut des Präfixes **assimiliert**, also an den Anlaut des Verbs **angeglichen**, z. B.:
ad + currere → accurrere ▸ *herbei-eilen*
ab + ferre → auferre ▸ *weg-tragen*

Unpersönliche Verben

Einige Verben kommen für gewöhnlich nur in der 3. Person Singular vor:

licet	*es ist erlaubt*	**pudet**	*es beschämt*
oportet	*es gehört sich*	**paenitet**	*es reut*
decet	*es schickt sich*	**piget**	*es verärgert*
libet	*es beliebt*	**taedet**	*es ekelt*

Einige Verben sind nur bei einer bestimmten Bedeutung unpersönlich: so z. B.:

praestat	*es ist besser*	**constat**	*es steht fest/ist bekannt*
evenit	*es ereignet sich*	**fallit**	*es entgeht*

Im deutschen Satz muss das Subjekt nicht unbedingt unpersönlich sein. Oft bietet sich eine **persönliche Konstruktion** an:
Me paenitet eius facti. *Ich bereue diese Tat.*

Die Bildung der Verbformen

Allgemeines zu finiten und infiniten Verbformen

Im Lateinischen unterscheidet man zwischen finiten und infiniten Verbformen. Die finiten Verbformen werden als Prädikate verwendet. Sie bestehen - mit Ausnahme der zweigeteilten passiven Perfekt-/Plusquamperfekt-/Futur II-Formen – aus einer aus mehreren Elementen zusammengesetzten Form:

Stamm **+** Tempuszeichen / Moduszeichen / Erweiterungsvokal **+** Personalendung

Konkret können Verben in folgenden flektierten Formen auftreten:

Bildung mit Präsensstamm	Präsens	Indikativ / Konjunktiv	Aktiv/Passiv
	Imperfekt	Indikativ / Konjunktiv	Aktiv/Passiv
	Futur I	Indikativ	Aktiv/Passiv
Bildung mit Perfektstamm	Perfekt	Indikativ / Konjunktiv	Aktiv
	Plusquamperfekt	Indikativ / Konjunktiv	Aktiv
	Futur II	Indikativ	Aktiv
Bildung mit Partizip-/ Supinstamm (zweigeteilte Formen: PPP + Form von *esse*)	Perfekt	Indikativ / Konjunktiv	Passiv
	Plusquamperfekt	Indikativ / Konjunktiv	Passiv
	Futur II	Indikativ	Passiv

Verben können auch im Imperativ (Befehlsform) stehen (▸ s. Seite 58 f.).
Die jeweilige Übersetzung sowie die Tempus- und Moduszeichen sind den Tabellen zu entnehmen.
Achtung: Der Konjunktiv wird je nach Kontext sehr unterschiedlich übersetzt. Daher finden Sie in den Tabellen meist keine Übersetzung ▸ vgl. auch Kap. 11 und 12. Zur Verwendung der einzelnen Tempora ▸ vgl. Kap. 12.

Die lateinischen Personalendungen

			1. Person	2. Person	3. Person
Aktiv	Alle Tempora außer Perfekt	Sg.	**-ō/-m**	**-s**	**-t**
		Pl.	**-mus**	**-tis**	**-nt**
	nur Perfekt Indikativ	Sg.	**-ī**	**-istī**	**-it**
		Pl.	**-imus**	**-istis**	**-ērunt [-ēre]**
Passiv	Alle Tempora des Präsensstamms	Sg.	**-(o)r**	**-ris**	**-tur**
		Pl.	**-mur**	**-minī**	**-ntur**

In manchen Fällen tritt zwischen Stamm und Personalendung noch ein Erweiterungsvokal/Bindevokal zur leichteren Aussprache. Dieser ist in den Tabellen als Einschub gekennzeichnet.

Typisch lateinisch: Bei Sätzen in der 1. und 2. Person begnügt sich das Lateinische meist mit den Personalendungen, die im Verb enthalten sind, und verzichtet auf die Personalpronomen. Bei Sätzen in der 3. Person ohne Personalpronomen ergibt sich aus dem Textzusammenhang, ob im Deutschen *er*, *sie* oder *es* hinzuzufügen ist:
Marcum video. Ridet. *Ich sehe Markus. Er lacht.*

Bei der Bildung von Präsens, Imperfekt und Futur I wird sowohl bei aktiven als auch bei passiven Formen von derselben Basis ausgegangen, nämlich dem Präsensstamm. Bei Perfekt, Plusquamperfekt und Futur II ist zwischen dem Perfektsystem Aktiv und dem Perfektsystem Passiv zu unterscheiden:

- Aktiv: einfache Formen (aktiver Perfektstamm + Endungen ▸ s. Tabellen)
- Passiv: zweigeteilte Form aus PPP + Form von **esse** ▸ vgl. Tabellen

Aktives Perfektsystem

Für den aktiven Perfektstamm gibt es sechs verschiedene Bildungsweisen:

- v-Perfekt, z. B. **amare, amo, amavi**
- u-Perfekt, z. B. **monere, moneo, monui**
- s-Perfekt, z. B. **scribere, scribo, scripsi** (hierzu zählen auch Formen mit **-x-**)
- Dehnungsperfekt, z. B. **capere, capio, cepi**
- Reduplikationsperfekt, z. B. **cadere, cado, cecidi**
- Perfekt ohne Stammveränderung, z. B. **defendere, defendo, defendi**

Bei manchen Konjugationen überwiegt eine Art der Perfektbildung:

- a-Konj.: meist **v-Perfekt** (z. B. **rogare → rogavi**)
- e-Konj.: meist **u-Perfekt** (z. B. **monere → monui**)
- i-Konj.: meist **v-Perfekt** (z. B. **audire → audivi**)

Doch gibt es auch hier Ausnahmen, weshalb man stets die Stammformen der Verben mitlernen sollte!

Übrigens: Komposita haben stets die gleiche Perfektbildung wie ihr **Verbum simplex**, auch wenn diese nicht mehr zu erkennen ist: z. B. **respondere, respondeo, respondi** ist ein Reduplikationsperfekt von **spondere, spondeo, spopondi**.

Beim v-Perfekt kann im Perfekt, Plusquamperfekt und Futur II manchmal **-vi-/-ve-** entfallen (z. B. **audisset** statt **audi-vi-sset** oder **consueras** statt **consue-ve-ras**)!

Passives Perfektsystem

Das PPP (Partizip Perfekt Passiv, z. B. **ductus, -a, -um**) ergibt sich aus dem Partizip-/Supinstamm. Dieser ist an der letzten Stammform abzulesen (z. B. **ducere, duco, duxi, ductum**) und endet immer auf **-tum/-sum**, ist also formengleich mit dem PPP im Nom. Sg. n.

Zur Bildung der Tempora des passiven Perfektsystems wird das PPP mit einer Form von **esse** kombiniert. Diese steht …

- für die Bildung des Perfekt Passiv im Präsens:
  amatus est *er ist geliebt worden/wurde geliebt*
- für die Bildung des Plusquamperfekt Passiv im Imperfekt:
  amatus erat *er war geliebt worden*
- für die Bildung des Futur II Passiv im Futur I:
  amatus erit *er wird geliebt worden sein (wörtl.)*

Auch für das PPP gibt es einige Tendenzen gemäß der jeweiligen Konjugation:

- a-Konj.: meist **-atus, -a, -um** (z. B. **rogare → rogatus**)
- e-Konj.: meist **-itus, -a, -um** (z. B. **monere → monitus**)
- i-Konj.: meist **-itus, -a, -um** (z. B. **audire → auditus**)

Doch muss man – wie beim aktiven Perfektstamm – bei der Mehrheit der Verben die Stammformen lernen!

Bei zusammengesetzten Tempusformen steht das PPP im gleichen Numerus und Genus wie sein Bezugswort, also das Subjekt des Satzes! Dekliniert wird das PPP wie die Adjektive der a-/o-Deklination.
Discipulae a magistra laudatae sunt.
Die Schülerinnen sind von der Lehrerin gelobt worden.
Puer a patre laudatus est. *Der Junge ist vom Vater gelobt worden.*

Deponentien

Praktisch: Deponentien bilden ihre Formen genauso wie die **Verba activa** derselben Konjugation im Passiv:
rogare (a-Konj. Verbum activum) – **rogatur** *er wird gefragt*
imitari (a-Konj. Deponens) – **imitatur** *er ahmt nach*

Infinite Verbformen

Die infiniten Verbformen werden wie Nomen verwendet und heißen deshalb auch Nominalformen:

Infinitive	Infinitiv Präsens Aktiv/Passiv Infinitiv Perfekt Aktiv/Passiv Infinitiv Futur Aktiv/Passiv
nd-Formen	Gerundiv/Gerund
Partizipien	Partizip Präsens Aktiv (PPA) Partizip Perfekt Passiv (PPP) Partizip Futur Aktiv (PFA)
Supin	Supin I/Supin II

Finite Verbformen – Präsens, Imperfekt, Futur I, Imperativ

Präsens

Präsens Indikativ Aktiv

a-Konj.	e-Konj.	i-Konj.	kons. Konj. ohne i-Erw.	kons. Konj. mit i-Erw.
am-**ō** (aus **ama-o**) *ich liebe*	mone-**ō** *ich ermahne*	audi-**ō** *ich höre*	dūc-**ō** *ich führe*	capi-**ō** *ich fange*
amā-**s**	monē-**s**	audī-**s**	dūc-**i-s**	cap-**i-s**
ama-**t**	mone-**t**	audi-**t**	dūc-**i-t**	cap-**i-t**
amā-**mus**	monē-**mus**	audī-**mus**	dūc-**i-mus**	cap-**i-mus**
amā-**tis**	monē-**tis**	audī-**tis**	dūc-**i-tis**	cap-**i-tis**
ama-**nt**	mone-**nt**	audi-**u-nt**	dūc-**u-nt**	capi-**u-nt**

Präsens Indikativ Passiv

a-Konj.	e-Konj.	i-Konj.	kons. Konj. ohne i-Erw.	kons. Konj. mit i-Erw.
am-**or** (aus **ama-or**) *ich werde geliebt*	mone-**or** *ich werde ermahnt*	audi-**or** *ich werde gehört*	dūc-**or** *ich werde geführt*	capi-**or** *ich werde gefangen*
amā-**ris**	monē-**ris**	audī-**ris**	dūc-**e-ris**	cap-**e-ris**
amā-**tur**	monē-**tur**	audī-**tur**	dūc-**i-tur**	cap-**i-tur**
amā-**mur**	monē-**mur**	audī-**mur**	dūc-**i-mur**	cap-**i-mur**
amā-**minī**	monē-**minī**	audī-**minī**	dūc-**i-minī**	cap-**i-minī**
ama-**ntur**	mone-**ntur**	audi-**u-ntur**	dūc-**u-ntur**	capi-**u-ntur**

Präsens Konjunktiv Aktiv - Moduszeichen: -a-/-e-

(a-Konjugation: -e-; restliche Konjugationen: -a-)

a-Konj.	e-Konj.	i-Konj.	kons. Konj. ohne i-Erw.	kons. Konj. mit i-Erw.
am-**e-m**	mone-**a-m**	audi-**a-m**	dūc-**a-m**	capi-**a-m**
am-**ē-s**	mone-**ā-s**	audi-**ā-s**	dūc-**ā-s**	capi-**ā-s**
am-**e-t**	mone-**a-t**	audi-**a-t**	dūc-**a-t**	capi-**a-t**
am-**ē-mus**	mone-**ā-mus**	audi-**ā-mus**	dūc-**ā-mus**	capi-**ā-mus**
am-**ē-tis**	mone-**ā-tis**	audi-**ā-tis**	dūc-**ā-tis**	capi-**ā-tis**
am-**e-nt**	mone-**a-nt**	audi-**a-nt**	dūc-**a-nt**	capi-**a-nt**

Präsens Konjunktiv Passiv - Moduszeichen: **-a-/-e-**
(a-Konjugation: **-e-**; restliche Konjugationen: **-a-**)

a-Konj.	e-Konj.	i-Konj.	kons. Konj. ohne i-Erw.	kons. Konj. mit i-Erw.
am-**e-r**	mone-**a-r**	audi-**a-r**	dūc-**a-r**	capi-**a-r**
am-**ē-ris**	mone-**ā-ris**	audi-**ā-ris**	dūc-**ā-ris**	capi-**ā-ris**
am-**ē-tur**	mone-**ā-tur**	audi-**ā-tur**	dūc-**ā-tur**	capi-**ā-tur**
am-**ē-mur**	mone-**ā-mur**	audi-**ā-mur**	dūc-**ā-mur**	capi-**ā-mur**
am-**ē-minī**	mone-**ā-minī**	audi-**ā-minī**	dūc-**ā-minī**	capi-**ā-minī**
am-**e-ntur**	mone-**a-ntur**	audi-**a-ntur**	dūc-**a-ntur**	capi-**a-ntur**

Imperfekt

Das lateinische Imperfekt kann je nach Kontext mit dem deutschen Präteritum oder dem Perfekt wiedergegeben werden (▸ vgl. Kap. 12, S. 124 f.).

Imperfekt Indikativ Aktiv - Tempuszeichen: **-(e)ba-**
(a-/e-Konjugation: **-ba-**; restliche Konjugationen: **-eba-**)

a-Konj.	e-Konj.	i-Konj.	kons. Konj. ohne i-Erw.	kons. Konj. mit i-Erw.
amā-**ba-m** *ich liebte/ habe geliebt*	monē-**ba-m** *ich ermahnte/ habe ermahnt*	audi-**ēba-m** *ich hörte/ habe gehört*	dūc-**ēba-m** *ich führte/ habe geführt*	capi-**ēba-m** *ich fing/habe gefangen*
amā-**bā-s**	monē-**bā-s**	audi-**ēbā-s**	dūc-**ēbā-s**	capi-**ēbā-s**
amā-**ba-t**	monē-**ba-t**	audi-**ēba-t**	dūc-**ēba-t**	capi-**ēba-t**
amā-**bā-mus**	monē-**bā-mus**	audi-**ēbā-mus**	dūc-**ēbā-mus**	capi-**ēbā-mus**
amā-**bā-tis**	monē-**bā-tis**	audi-**ēbā-tis**	dūc-**ēbā-tis**	capi-**ēbā-tis**
amā-**ba-nt**	monē-**ba-nt**	audi-**ēba-nt**	dūc-**ēba-nt**	capi-**ēba-nt**

Imperfekt Indikativ Passiv - Tempuszeichen: **-(e)ba-**
(a-/e-Konjugation: **-ba-**; restliche Konjugationen: **-eba-**)

a-Konj.	e-Konj.	i-Konj.	kons. Konj. ohne i-Erw.	kons. Konj. mit i-Erw.
amā-**ba-r** *ich wurde geliebt/bin geliebt worden*	monē-**ba-r** *ich wurde ermahnt/bin ermahnt worden*	audi-**ēba-r** *ich wurde gehört/bin gehört worden*	dūc-**ēba-r** *ich wurde geführt/bin geführt worden*	capi-**ēba-r** *ich wurde gefangen/bin gefangen worden*
amā-**bā-ris**	monē-**bā-ris**	audi-**ēbā-ris**	dūc-**ēbā-ris**	capi-**ēbā-ris**
amā-**bā-tur**	monē-**bā-tur**	audi-**ēbā-tur**	dūc-**ēbā-tur**	capi-**ēbā-tur**
amā-**bā-mur**	monē-**bā-mur**	audi-**ēbā-mur**	dūc-**ēbā-mur**	capi-**ēbā-mur**
amā-**bā-minī**	monē-**bā-minī**	audi-**ēbā-minī**	dūc-**ēbā-minī**	capi-**ēbā-minī**
amā-**ba-ntur**	monē-**ba-ntur**	audi-**ēba-ntur**	dūc-**ēba-ntur**	capi-**ēba-ntur**

Imperfekt Konjunktiv Aktiv - Moduszeichen: **-(e)re-**
(a-/e-/i-Konjugation: **-re-**; restliche Konjugationen: **-ere-**)

a-Konj.	**e-Konj.**	**i-Konj.**	**kons. Konj. ohne i-Erw.**	**kons. Konj. mit i-Erw.**
amā-**re-m** *ich würde lieben*	monē-**re-m** *ich würde ermahnen*	audī-**re-m** *ich würde hören*	dūc-**ere-m** *ich würde führen*	cap-**ere-m** *ich würde fangen*
amā-**rē-s**	monē-**rē-s**	audī-**rē-s**	dūc-**erē-s**	cap-**erē-s**
amā-**re-t**	monē-**re-t**	audī-**re-t**	dūc-**ere-t**	cap-**ere-t**
amā-**rē-mus**	monē-**rē-mus**	audī-**rē-mus**	dūc-**erē-mus**	cap-**erē-mus**
amā-**rē-tis**	monē-**rē-tis**	audī-**rē-tis**	dūc-**erē-tis**	cap-**erē-tis**
amā-**re-nt**	monē-**re-nt**	audī-**re-nt**	dūc-**ere-nt**	cap-**ere-nt**

Imperfekt Konjunktiv Passiv - Moduszeichen: **-(e)re-**
(a-/e-/i-Konjugation: **-re-**; restliche Konjugationen: **-ere-**)

a-Konj.	**e-Konj.**	**i-Konj.**	**kons. Konj. ohne i-Erw.**	**kons. Konj. mit i-Erw.**
amā-**re-r** *ich würde geliebt werden*	monē-**re-r** *ich würde er-mahnt werden*	audī-**re-r** *ich würde gehört werden*	dūc-**ere-r** *ich würde geführt werden*	cap-**ere-r** *ich würde ge-fangen werden*
amā-**rē-ris**	monē-**rē-ris**	audī-**rē-ris**	dūc-**erē-ris**	cap-**erē-ris**
amā-**rē-tur**	monē-**rē-tur**	audī-**rē-tur**	dūc-**erē-tur**	cap-**erē-tur**
amā-**rē-mur**	monē-**rē-mur**	audī-**rē-mur**	dūc-**erē-mur**	cap-**erē-mur**
amā-**rē-minī**	monē-**rē-minī**	audī-**rē-minī**	dūc-**erē-minī**	cap-**erē-minī**
amā-**re-ntur**	monē-**re-ntur**	audī-**re-ntur**	dūc-**ere-ntur**	cap-**ere-ntur**

Tipp für das Erkennen des Konjunktiv Imperfekt: Wenn man die Längen/Kürzen nicht beachtet, sehen die Formen bei den Verba activa genauso aus wie der jeweilige Infinitiv Präsens Aktiv + Personalendung. Praktisch: Das gilt sogar für die unregelmäßigen Verben, so z. B. **esse-m** *ich wäre,* **posse-m** *ich könnte*, **velle-m** *ich würde wollen,* **ire-m** *ich ginge …*

Futur I

Als Merkhilfe für die Futur-I-Bildung der i- und der konsonantischen Konjugation (mit i-Erweiterung) eignet sich hervorragend ein K**a**m**eeeee**l (**-a-** in der 1. P. Sg., **-e-** in den übrigen Formen)!

Futur I Indikativ Aktiv – Tempuszeichen: **-b-/-b-i-/-b-u-** bzw. **-a-/-e-** (a-/e-Konjugation: **-b-/-b-i-/-b-u-**; restliche Konjugationen: **-a-/-e-**)

a-Konj.	e-Konj.	i-Konj.	kons. Konj. ohne i-Erw.	kons. Konj. mit i-Erw.
amā-**b-ō** *ich werde lieben*	monē-**b-ō** *ich werde ermahnen*	audi-**a-m** *ich werde hören*	dūc-**a-m** *ich werde führen*	capi-**a-m** *ich werde fangen*
amā-**b-i-s**	monē-**b-i-s**	audi-**ē-s**	dūc-**ē-s**	capi-**ē-s**
amā-**b-i-t**	monē-**b-i-t**	audi-**e-t**	dūc-**e-t**	capi-**e-t**
amā-**b-i-mus**	monē-**b-i-mus**	audi-**ē-mus**	dūc-**ē-**mus	capi-**ē-mus**
amā-**b-i-tis**	monē-**b-i-tis**	audi-**ē-tis**	dūc-**ē-tis**	capi-**ē-tis**
amā-**b-u-nt**	monē-**b-u-nt**	audi-**e-nt**	dūc-e-nt	capi-**e-nt**

Futur I Indikativ Passiv – Tempuszeichen: **-b-/-b-e-/-b-i-/-b-u- bzw. -a-/-e-** (a-/e-Konjugation: **-b-/-b-e-/-b-i-/-b-u-**; restliche Konjugationen: **-a-/-e-**)

a-Konj.	e-Konj.	i-Konj.	kons. Konj. ohne i-Erw.	kons. Konj. mit i-Erw.
amā-**b-or** *ich werde geliebt werden*	monē-**b-or** *ich werde ermahnt werden*	audi-**a-r** *ich werde gehört werden*	dūc-**a-r** *ich werde geführt werden*	capi-a-r *ich werde gefangen werden*
amā-**b-e-ris**	monē-**b-e-ris**	audi-**ē-ris**	dūc-**ē-ris**	capi-**ē-ris**
amā-**b-i-tur**	monē-**b-i-tur**	audi-**ē-tur**	dūc-**ē-tur**	capi-**ē-tur**
amā-**b-i-mur**	monē-**b-i-mur**	audi-**ē-mur**	dūc-**ē-mur**	capi-**ē-mur**
amā-**b-i-minī**	monē-**b-i-minī**	audi-**ē-minī**	dūc-**ē-minī**	capi-**ē-minī**
amā-**b-u-ntur**	monē-**b-u-ntur**	audi-**e-ntur**	dūc-**e-ntur**	capi-**e-ntur**

Imperativ

Imperativ I

a-Konj.	e-Konj.	i-Konj.	kons. Konj. ohne i-Erw.	kons. Konj. mit i-Erw.
amā! *liebe!*	monē! *ermahne!*	audī! *höre!*	leg-**e**! *lies!*	cap-**e**! *fang!*
amā-**te**! *liebt!*	monē-**te**! *ermahnt!*	audī-**te**! *hört!*	leg-**i-te**! *lest!*	cap-**i-te**! *fangt!*

Verkürzte Sonderformen: dic! *sag!* **duc**! *führ!* **fac**! *mach!* **fer**! *trag!*

Deponentien bilden den Imperativ I auf **-re** bzw. **-mini**:
horta-re! *ermahne!*, **horta-mini**! *ermahnt!*
pate-re! *leide!*, **pati-mini**! *leidet!*

Imperativ II

a-Konj.	e-Konj.	i-Konj.	kons. Konj. ohne i-Erw.	kons. Konj. mit i-Erw.
amā-**tō**! *du sollst/er soll lieben!*	monē-**tō**! *du sollst/er soll ermahnen!*	audī-**tō**! *du sollst/er soll hören!*	leg-**i**-**tō**! *du sollst/er soll lesen!*	cap-**i**-**tō**! *du sollst/er soll fangen!*
amā-**tōte**! *ihr sollt lieben!*	monē-**tōte**! *ihr sollt ermahnen!*	audī-**tōte**! *ihr sollt hören!*	leg-**i**-**tōte**! *ihr sollt lesen!*	cap-**i**-**tōte**! *ihr sollt fangen!*
ama-**ntō**! *sie sollen lieben!*	mone-**ntō**! *sie sollen ermahnen!*	audi-**u**-**ntō**! *sie sollen hören!*	leg-**u**-**ntō**! *sie sollen lesen!*	capi-**u**-**ntō**! *sie sollen fangen!*

Für den verneinten Imperativ ▸ s. Kap. 12, S. 127.

Nur im Imperativ II, nicht als Imperativ I existieren die Formen: **scito(te)!** *Wiss(t)!* und **memento(te)!** *Gedenk(t)!*

Deponentien bilden den Imperativ II auf **-tor** bzw. **-ntor**: **sequi-tor**! *du sollst/er soll folgen!*, **sequu-ntor**! *sie sollen folgen!*

Der Imperativ I ist die „gewöhnliche" Befehlsform. Der Imperativ II ist ernster und feierlicher, man findet ihn z. B. in Gesetzen.

Finite Verbformen – Perfekt, Plusquamperfekt, Futur II

Bei diesen Tempora muss stets zwischen den aus einer Form bestehenden Aktiv-Formen und den zweigeteilten Passiv-Formen unterschieden werden.

Der aktive Perfektstamm ist meist nicht an der Konjugation abzulesen und deshalb stets als Stammform mitzulernen!

Perfekt

Perfekt Indikativ Aktiv

- a-Konj.: *ich habe geliebt / liebte …*
  amāv-ī/-istī/-it/-imus/-istis/-ērunt
- e-Konj.: *ich habe ermahnt / ermahnte …*
  monu-ī/-istī/-it/-imus/-istis/-ērunt
- i-Konj.: *ich habe gehört / hörte …*
  audīv-ī/-istī/-it/-imus/-istis/-ērunt
- kons. Konj. ohne i-Erw.: *ich habe geführt / führte …*
  dūx-ī/-istī/-it/-imus/-istis/-ērunt
- kons. Konj. mit i-Erw.: *ich habe gefangen / fing …*
  cēp-ī/-istī/-it/-imus/-istis/-ērunt

Die Personalendungen weichen im Perfekt Indikativ Aktiv von denen der anderen Tempora ab.

Perfekt Indikativ Passiv (PPP + Präsens Indikativ von **esse**)

- a-Konj.: *ich bin geliebt worden / wurde geliebt …*
  amātus, -a, -um sum/es/est, amātī, -ae, -a sumus/estis/sunt
- e-Konj.: *ich bin ermahnt worden / wurde ermahnt …*
  monitus, -a, -um sum/es/est, monitī, -ae, -a sumus/estis/sunt
- i-Konj.: *ich bin gehört worden / wurde gehört …*
  audītus, -a, -um sum/es/est, audītī, -ae, -a sumus/estis/sunt
- kons. Konj. ohne i-Erw.: *ich bin geführt worden / wurde geführt …*
  ductus, -a, -um sum/es/est, ductī, -ae, -a sumus/estis/sunt
- kons. Konj. mit i-Erw.: *ich bin gefangen worden / wurde gefangen …*
  captus, -a, -um sum/es/est, captī, -ae, -a sumus/estis/sunt

Perfekt Konjunktiv Aktiv - Moduszeichen: **-eri-**

- a-Konj.: **amāv-erim/-eris/-erit/-erimus/-eritis/-erint**
- e-Konj.: **monu-erim/-eris/-erit/-erimus/-eritis/-erint**
- i-Konj.: **audīv-erim/-eris/-erit/-erimus/-eritis/-erint**
- kons. Konj. ohne i-Erw.: **dūx-erim/-eris/-erit/-erimus/-eritis/-erint**
- kons. Konj. mit i-Erw.: **cēp-erim/-eris/-erit/-erimus/-eritis/-erint**

Perfekt Konjunktiv Passiv (PPP + Präsens Konjunktiv von **esse**)

- a-Konj.: **amātus, -a, -um sim/sīs/sit, amātī, -ae, -a sīmus/sītis/sint**
- e-Konj.: **monitus, -a, -um sim/sīs/sit, monitī, -ae, -a sīmus/sītis/sint**
- i-Konj.: **audītus, -a, -um sim/sīs/sit, audītī, -ae, -a sīmus/sītis/sint**
- kons. Konj. ohne i-Erw.: **ductus, -a, -um sim/sīs/sit, ductī, -ae, -a sīmus/sītis/sint**
- kons. Konj. mit i-Erw.: **captus, -a, -um sim/sīs/sit, captī, -ae, -a sīmus/sītis/sint**

Ob das lateinische Imperfekt oder Perfekt verwendet wird, richtet sich nach verschiedenen Faktoren (▸ s. Kap. 12, S. 124 ff.). Bei der Übertragung ins Deutsche hängt die Tempuswahl vom jeweiligen Kontext ab.

Plusquamperfekt

Das Plusquamperfekt bezeichnet die Vorvergangenheit, also Geschehnisse, die vor einer anderen Handlung in der Vergangenheit bereits abgeschlossen sind.

Plusquamperfekt Indikativ Aktiv - Tempuszeichen: **-era-**

- a-Konj.: *ich hatte geliebt …*
  amāv-eram/-erās/-erat/-erāmus/-erātis/-erant
- e-Konj.: *ich hatte ermahnt …*
  monu-eram/-erās/-erat/-erāmus/-erātis/-erant
- i-Konj.: *ich hatte gehört …*
  audīv-eram/-erās/-erat/-erāmus/-erātis/-erant
- kons. Konj. ohne i-Erw.: *ich hatte geführt …*
  dūx-eram/-erās/-erat/-erāmus/-erātis/-erant
- kons. Konj. mit i-Erw.: *ich hatte gefangen …*
  cēp-eram/-erās/-erat/-erāmus/-erātis/-erant

Plusquamperfekt Indikativ Passiv (PPP + Imperfekt Indikativ von **esse**)

- a-Konj.: *ich war geliebt worden …*
  amātus, -a, -um eram/erās/erat, amātī, -ae, -a erāmus/erātis/erant
- e-Konj.: *ich war ermahnt worden …*
  monitus, -a, -um eram/erās/erat, monitī, -ae, -a erāmus/erātis/erant
- i-Konj.: *ich war gehört worden …*
  audītus, -a, -um eram/erās/erat, audītī, -ae, -a erāmus/erātis/erant
- kons. Konj. ohne i-Erw.: *ich war geführt worden …*
  ductus, -a, -um eram/erās/erat, ductī, -ae, -a erāmus/erātis/erant
- kons. Konj. mit i-Erw.: *ich war gefangen worden …*
  captus, -a, -um eram/erās/erat, captī, -ae, -a erāmus/erātis/erant

Plusquamperfekt Konjunktiv Aktiv - Moduszeichen: **-isse-**

- a-Konj.: *ich hätte geliebt …*
  amāv-issem/-issēs/-isset/-issēmus/-issētis/-issent
- e-Konj.: *ich hätte ermahnt …*
  monu-issem/-issēs/-isset/-issēmus/-issētis/-issent
- i-Konj.: *ich hätte gehört …*
  audīv-issem/-issēs/-isset/-issēmus/-issētis/-issent
- kons. Konj. ohne i-Erw.: *ich hätte geführt …*
  dūx-issem/-issēs/-isset/-issēmus/-issētis/-issent
- kons. Konj. mit i-Erw.: *ich hätte gefangen …*
  cēp-issem/-issēs/-isset/-issēmus/-issētis/-issent

Plusquamperfekt Konjunktiv Passiv (PPP + Imperfekt Konjunktiv von **esse**)

- a-Konj.: *ich wäre geliebt worden …*
  amātus, -a, -um essem/essēs/esset, amātī, -ae, -a essēmus/essētis/essent
- e-Konj.: *ich wäre ermahnt worden …*
  monitus, -a, -um essem/essēs/esset, monitī, -ae, -a essēmus/essētis/essent
- i-Konj.: *ich wäre gehört worden …*
  audītus, -a, -um essem/essēs/esset, audītī, -ae, -a essēmus/essētis/essent
- kons. Konj. ohne i-Erw.: *ich wäre geführt worden …*
  ductus, -a, -um essem/essēs/esset, ductī, -ae, -a essēmus/essētis/essent
- kons. Konj. mit i-Erw.: *ich wäre gefangen worden …*
  captus, -a, -um essem/essēs/esset, captī, -ae, -a essēmus/essētis/essent

Futur II

Das Futur II drückt aus, dass ein Ereignis in der Zukunft vor einer anderen Handlung in der Zukunft bereits vergangen sein wird. Im Deutschen wird es meist mit Präsens oder Perfekt übersetzt. Hier wird zur Veranschaulichung die eher ungebräuchliche wörtliche Übersetzung angegeben.

Futur II Indikativ Aktiv - Tempuszeichen: **-eri-**

- a-Konj.: *ich werde geliebt haben …*
  amāv-erō/-eris/-erit/-erimus/-eritis/-erint
- e-Konj.: *ich werde ermahnt haben …*
  monu-erō/-eris/-erit/-erimus/-eritis/-erint
- i-Konj.: *ich werde gehört haben …*
  audīv-erō/-eris/-erit/-erimus/-eritis/-erint
- kons. Konj. ohne i-Erw.: *ich werde geführt haben …*
  dūx-erō/-eris/-erit/-erimus/-eritis/-erint
- kons. Konj. mit i-Erw.: *ich werde gefangen haben …*
  cēp-erō/-eris/-erit/-erimus/-eritis/-erint

Futur II Aktiv und **Perfekt Konjunktiv Aktiv** haben bis auf die 1. P. Sg. (**-ero** bzw. **-erim**) die gleichen Formen!

Futur II Indikativ Passiv (PPP + Futur I von **esse**)

- a-Konj.: *ich werde geliebt worden sein…*
  amātus, -a, -um erō/eris/erit, amātī, -ae, -a erimus/eritis/erunt
- e-Konj.: *ich werde ermahnt worden sein …*
  monitus, -a, -um erō/eris/erit, monitī, -ae, -a erimus/eritis/erunt
- i-Konj.: *ich werde gehört worden sein …*
  audītus, -a, -um erō/eris/erit, audītī, -ae, -a erimus/eritis/erunt
- kons. Konj. ohne i-Erw.: *ich werde geführt worden sein …*
  ductus, -a, -um erō/eris/erit, ductī, -ae, -a erimus/eritis/erunt
- kons. Konj. mit i-Erw.: *ich werde gefangen worden sein …*
  captus, -a, -um erō/eris/erit, captī, -ae, -a erimus/eritis/erunt

Infinite Verbformen

Für die Verwendung und Übersetzung infiniter Verbformen ▸ s. Kap. 10.

Infinitive

Infinitiv Präsens Aktiv endet auf **-re**				
amā-re *(zu) lieben*	**monē-re** *(zu) mahnen*	**audī-re** *(zu) hören*	**dūc-e-re** *(zu) führen*	**cap-e-re** *(zu) fangen*

Infinitiv Präsens Passiv endet in der a-/e-/i-Konj. auf **-ri**, in der kons. Konj. (mit i-Erw.): auf **-i**				
amā-rī *geliebt (zu) werden*	**monē-rī** *ermahnt (zu) werden*	**audī-rī** *gehört (zu) werden*	**dūc-ī** *geführt (zu) werden*	**cap-ī** *gefangen (zu) werden*

Infinitiv Perfekt Aktiv Perfektstamm + **-isse**				
amāv-isse *geliebt (zu) haben*	**monu-isse** *ermahnt (zu) haben*	**audīv-isse** *gehört (zu) haben*	**dūx-isse** *geführt (zu) haben*	**cēp-isse** *gefangen (zu) haben*

Infinitiv Perfekt Passiv PPP (im Akk., KNG-Kongruenz zum Bezugswort!) + **esse**				
amātum esse *geliebt worden (zu) sein*	**monitum esse** *ermahnt worden (zu) sein*	**audītum esse** *gehört worden (zu) sein*	**ductum esse** *geführt worden (zu) sein*	**captum esse** *gefangen worden (zu) sein*

Infinitiv Futur Aktiv PFA (im Akk., KNG-Kongruenz zum Bezugswort!) + **esse**				
amātūrum (esse) *	**monitūrum (esse)**	**audītūrum (esse)**	**ductūrum (esse)**	**captūrum (esse)**

Infinitiv Futur Passiv Supin auf -um (unveränderlich!) + **iri**				
amātum īrī*	**monitum īrī**	**audītum īrī**	**ductum īrī**	**captum īrī**

* Für die Übersetzung des Infinitiv Futur ▸ s. Kap. 10.

Infinitive der Deponentien (Beispiele):
Inf. Präsens: **conā-rī** *(zu) versuchen*, **sequ-ī** *(zu) folgen*
Inf. Perfekt: **conātum esse** *versucht (zu) haben*, **secūtum esse** *gefolgt (zu) sein*
Inf. Futur (aktive Form!): **conātūrum esse**, **secūtūrum esse** ▸ s. auch Kap. 10

Bei den beiden mit **esse** gebildeten Infinitiven, also beim Inf. Perfekt Passiv und beim Inf. Futur Aktiv, wird normalerweise nur der Akk. Sg. n. auf **-um** aufgeführt, in Texten können aber alle Formen des Akkusativs vorkommen (**-um**, **-am**, **-os**, **-as**, **-a**).

nd-Formen

Die sogenannten **nd-**Formen, also Gerund(ium) und Gerundiv(um), werden mit dem Präsensstamm, ggf. einem Erweiterungsvokal und dem Bildungselement **-nd-** gebildet.

Gerund(ium)

- ist der deklinierte Infinitiv des Verbs (vgl. dt: *das Wandern ist des Müllers Lust*)
- ist ein aktives Verbalsubstantiv (**amandi** *des Liebens*)
- hat die Ausgänge der o-Deklination (Achtung: Es existiert nur der Singular!)

Beispiele: amāre, monēre, audīre, dūcere, capere			Nom. = Inf. Präs.
Präsensstamm: ama- mone- audi-e- dūc-e- capi-e- (Bindevokal -e- in der i-Konj. und der kons. Konjugation)	+ nd +	-ī	Gen.
		-ō	Dat.
		-um (meist nach **ad**)	Akk.
		-ō	Abl.

Gerundiv(um)

- steht in KNG-Kongruenz zu seinem Bezugswort
- ist ein passives Verbaladjektiv (**amandus** *ein zu liebender; einer, der geliebt werden muss*)
- wird gebildet wie das Gerund(ium) und dekliniert wie die Adjektive der a-/o-Deklination (▸ s. Kap. 3, S. 21):
- Singular: Nom. **ama-nd-us, -a, -um**; Gen. **ama-nd-ī, -ae, -ī** usw.
- Plural: Nom. **ama-nd-ī, -ae, -a**; Gen. **ama-nd-ōrum, -ārum, - ōrum** usw.

Partizipien

Partizip Präsens Aktiv (PPA)

Das Partizip Präsens Aktiv (PPA) entspricht dem deutschen Partizip I (z. B. *liebend, singend …*) und wird folgendermaßen gebildet:
Präsensstamm + **-(e)ns/-(e)nt-** (Bindevokal **-e-** in der i-Konj. und der kons. Konjugation) + Ausgänge der einendigen Adjektive der 3. Deklination (▸ s. Kap. 3, S. 23).

	Singular		**Plural**	
	m. + f.	n.	m. + f.	n.
Nom.	amā-**ns** *liebend; einer, der liebt*		ama-**nt**-ēs	ama-**nt**-ia
Gen.	ama-**nt**-is		ama-**nt**-ium	
Dat.	ama-**nt**-ī		ama-**nt**-ibus	
Akk.	ama-**nt**-em	amā-**ns**	ama-**nt**-ēs	ama-**nt**-ia
Abl.	ama-**nt**-e		ama-**nt**-ibus	

Weitere Beispiele: **monē-ns, audi-ē-ns, dūc-ē-ns, capi-ē-ns**, …

Partizip Perfekt Passiv (PPP)

Das Partizip Perfekt Passiv entspricht dem Deutschen Partizip II (z. B. *geschickt, gerufen …*) und spielt eine wichtige Rolle bei der Bildung der lateinischen Perfekt-Tempora des Passivs. Es geht auf den Partizip-/Supinstamm zurück und endet auf **-tus, -a, -um** bzw. **-sus, -a, -um**. Es wird dekliniert wie die Adjektive der a-/o-Deklination (▸ s. Kap. 3, S. 21).

amāre, amo, amāvi, amātum
amātus, -a, -um *geliebt; einer, der geliebt worden ist/geliebt wurde* usw.

Weitere Beispiele:
monēre → monitus, -a, -um, audīre → audītus, -a, -um, ducere → ductus, -a, -um, capere → captus, -a, -um, mittere → missus, -a, um

Achtung: Das Partizip Perfekt von Deponentien wird **aktiv** übersetzt:
sequī → secūtus *einer, der gefolgt ist / folgte*

Partizip Futur Aktiv (PFA)

Das Partizip Futur Aktiv wird gebildet wie das PPP, endet aber auf **-tūrus, -a, -um** bzw. **-surus, -a, -um.** Es bezeichnet eine direkt bevorstehende Handlung bzw. eine Absicht/einen Zweck und wird (wie das PPP) dekliniert wie die Adjektive der a-/o-Deklination (▸ s. Kap. 3, S. 21).

amāre, amo, amāvi, amātum
amātūrus, -a, -um *einer, der lieben will/wird* usw.

Weitere Beispiele:
monēre → monitūrus, -a, -um, audīre → audītūrus, -a, -um, ducere → ductūrus, -a, -um, capere → captūrus, -a, -um, mittere → missūrus, -a, um

Supin

Die Supina sind **formengleich** mit bzw. werden ausgehend vom Partizip-/Supinstamm gebildet:

Supin I auf **-um**
amat-um *um zu lieben*
monit-um *um zu mahnen*
audit-um *um zu hören*
duct-um *um zu führen*
capt-um *um zu fangen*

Supin II auf **-ū** (v. a. feste Wendungen)
audit-u *zu(m) Hören*
cognit-u *zu(m) Erkennen*
dict-u *zu(m) Sagen*
fact-u *zu(m) Tun*
intellect-u *zu(m) Einsehen*
memorat-u *zu(m) Berichten*

Die wichtigsten unregelmäßigen Verben

esse *sein*

Stammformen: sum, fuī, --

	1. P. Sg.	2. P. Sg.	3. P. Sg.	1. P. Pl.	2. P. Pl.	3. P. Pl.
Präsens Ind.	sum *ich bin*	es	est	sumus	estis	sunt
Präsens Konj.	sim	sīs	sit	sīmus	sītis	sint
Imperfekt Ind.	eram *ich war/ ich bin gewesen*	erās	erat	erāmus	erātis	erant
Imperfekt Konj.	essem	essēs	esset	essēmus	essētis	essent
Futur I Ind.	erō *ich werde sein*	eris	erit	erimus	eritis	erunt

	1. P. Sg.	2. P. Sg.	3. P. Sg.	1. P. Pl.	2. P. Pl.	3. P. Pl.
Perfekt Ind.	fuī *ich war/ ich bin gewesen*	fuistī	fuit	fuimus	fuistis	fuērunt
Perfekt Konj.	fuerim	fueris	fuerit	fuerimus	fueritis	fuerint
Plusquamp. Ind.	fueram *ich war gewesen*	fuerās	fuerat	fuerāmus	fuerātis	fuerant
Plusquamp. Konj.	fuissem	fuissēs	fuisset	fuissēmus	fuissētis	fuissent
Futur II Ind.	fuerō	fueris	fuerit	fuerimus	fueritis	fuerint

- Infinitiv Präsens: **esse**
- Infinitiv Perfekt: **fuisse**
- Infinitiv Futur: **futūrum esse** (häufig: **fore**)
- Imperativ I: **es! este!**
- Imperativ II: **estō! estōte! suntō!**
- Partizip: nur die Formen **absens, -ntis** *abwesend*; **praesens, -ntis** *anwesend*

Wichtige Komposita:
ab-esse *abwesend sein*; **prae-esse** *vorstehen, befehligen*; **inter-esse** *dabei sein*; **de-esse** *fehlen*; **ad-esse** *da sein, helfen*; **in-esse** *darin sein*; **prod-esse** *nützen* (**prod-** *vor* **-e-**, *sonst* **pro-**)

posse *können*

Stammformen: **possum, potuī**, --
Die Formen von **posse** setzen sich aus **pot-** und den Formen von **esse** *sein* zusammen. Vor -s- wird **pot-** zu **pos-**.

	1. P. Sg.	2. P. Sg.	3. P. Sg.	1. P. Pl.	2. P. Pl.	3. P. Pl.
Präsens Ind.	possum *ich kann*	potes	potest	possumus	potestis	possunt
Präsens Konj.	possim	possīs	possit	possīmus	possītis	possint
Imperfekt Ind.	poteram *ich konnte/ habe gekonnt*	poterās	poterat	poterāmus	poterātis	poterant
Imperfekt Konj.	possem	possēs	posset	possēmus	possētis	possent
Futur I Ind.	poterō *ich werde können*	poteris	poterit	poterimus	poteritis	poterunt

	1. P. Sg.	2. P. Sg.	3. P. Sg.	1. P. Pl.	2. P. Pl.	3. P. Pl.
Perfekt Ind.	potuī *ich konnte/ habe gekonnt*	potuistī	potuit	potuimus	potuistis	potuērunt
Perfekt Konj.	potuerim	potueris	potuerit	potuerimus	potueritis	potuerint
Plusquamp. Ind.	potueram *ich hatte gekonnt*	potuerās	potuerat	potuerāmus	potuerātis	potuerant
Plusquamp. Konj.	potuissem	potuissēs	potuisset	potuissēmus	potuissētis	potuissent
Futur II Ind.	potuerō	potueris	potuerit	potuerimus	potueritis	potuerint

- Infinitiv Präsens: **posse** *(zu) können*
- Infinitiv Perfekt: **potuisse** *gekonnt (zu) haben*
- Infinitiv Futur: ---

ire *gehen*

Stammformen: **eō, iī, itum**
Bei den Formen von **ire** wird der Verbstamm **ī-** vor den Vokalen **a/o/u** zu **e-** abgeschwächt.

	1. P. Sg.	2. P. Sg.	3. P. Sg.	1. P. Pl.	2. P. Pl.	3. P. Pl.
Präsens Ind.	eō *ich gehe*	īs	it	īmus	ītis	eunt
Präsens Konj.	eam	eās	eat	eāmus	eātis	eant
Imperfekt Ind.	ībam *ich ging/ bin gegangen*	ībās	ībat	ībāmus	ībātis	ībant
Imperfekt Konj.	īrem	īrēs	īret	īrēmus	īrētis	īrent
Futur I Ind.	ībō *ich werde gehen*	ībis	ībit	ībimus	ībitis	ībunt

	1. P. Sg.	2. P. Sg.	3. P. Sg.	1. P. Pl.	2. P. Pl.	3. P. Pl.
Perfekt Ind.	iī *ich ging/ bin gegangen*	īstī	iit	iimus	īstis	iērunt
Perfekt Konj.	ierim	ieris	ierit	ierimus	ieritis	ierint
Plusquamp. Ind.	ieram *ich war gegangen*	ierās	ierat	ierāmus	ierātis	ierant
Plusquamp. Konj.	īssem	īssēs	īsset	īssēmus	īssētis	īssent
Futur II Ind.	ierō	ieris	ierit	ierimus	ieritis	ierint

- Infinitiv Präsens: **īre**
- Infinitiv Perfekt: **īsse**
- Infinitiv Futur: **itūrum esse**
- Partizip Präsens: **iēns, euntis,** …
- Partizip Perfekt: **itus, -a, -um**
- Partizip Futur: **itūrus, -a, -um**
- Gerund: **eundī, eundō**, …
- Gerundiv: **eundus, -a, -um,** …
- Imperativ I: **ī! īte!**
- Imperativ II: **ītō! ītōte! euntō!**

Wichtige Komposita:
ab-ire *weggehen*
inter-ire *zugrunde gehen*
ad-ire *hingehen, angreifen*
per-ire *zugrunde gehen*
ex-ire *hinaus-/weggehen*
red-ire *zurückkehren*
in-ire *hineingehen, beginnen*
sub-ire *auf sich nehmen*

ferre *tragen, bringen*

Stammformen: **ferō, tulī, lātum**

Aktiv	1. P. Sg.	2. P. Sg.	3. P. Sg.	1. P. Pl.	2. P. Pl.	3. P. Pl.
Präsens Ind.	ferō *ich trage*	fers	fert	ferimus	fertis	ferunt
Präsens Konj.	feram	ferās	ferat	ferāmus	ferātis	ferant
Imperfekt Ind.	ferēbam *ich trug/ habe getragen*	ferēbās	ferēbat	ferēbāmus	ferēbātis	ferēbant
Imperfekt Konj.	ferrem	ferrēs	ferret	ferrēmus	ferrētis	ferrent
Futur I Ind.	feram *ich werde tragen*	ferēs	feret	ferēmus	ferētis	ferent

Passiv	1. P. Sg.	2. P. Sg.	3. P. Sg.	1. P. Pl.	2. P. Pl.	3. P. Pl.
Präsens Ind.	feror *ich werde getragen*	ferris	fertur	ferimur	feriminī	feruntur
Präsens Konj.	ferar	ferāris	ferātur	ferāmur	ferāminī	ferantur
Imperfekt Ind.	ferēbar *ich wurde getragen/ bin getragen worden*	ferēbāris	ferēbātur	ferēbāmur	ferēbaminī	ferēbantur
Imperfekt Konj.	ferrer	ferrēris	ferrētur	ferrēmur	ferrēminī	ferrentur
Futur I Ind.	ferar *ich werde getragen werden*	ferēris	ferētur	ferēmur	ferēminī	ferentur

Die Formen des Perfektsystems Aktiv werden regelmäßig mit dem Stamm **tul-** gebildet:
Perfekt Ind.: **tulī, tulistī** ... *ich trug/habe getragen* usw.
Perfekt Konj.: **tulerim, tuleris** ...
Plusquamperfekt Ind.: **tuleram, tulerās** ... *ich hatte getragen* usw.
Plusquamperfekt Konj.: **tulissem, tulissēs** ...
Futur II Ind.: **tulerō, tuleris** ...

Die Formen des **Perfektsystems Passiv** werden regelmäßig mit dem PPP **latus, -a, -um** gebildet:
Perfekt Ind.: **lātus sum, lātus es** … *ich wurde getragen/bin getragen worden*
Perfekt Konj.: **lātus sim, lātus sīs** …
Plusquamperfekt Ind.: **lātus eram, lātus erās** … *ich war getragen worden*
Plusquamperfekt Konj.: **lātus essem, lātus essēs** …
Futur II Ind.: **lātus erō, lātus eris** …

- Infinitiv Präsens Aktiv: **ferre**
- Infinitiv Perfekt Aktiv: **tulisse**
- Infinitiv Futur Aktiv: **lātūrum esse**
- Infinitiv Präsens Passiv: **ferrī**
- Infinitiv Perfekt Passiv: **lātum esse**
- Infinitiv Futur Passiv: **lātum īrī**
- Partizip Präsens: **ferēns, ferentis, …**
- Partizip Perfekt: **lātus, -a, -um**
- Partizip Futur: **lātūrus, -a, -um**
- Gerund: **ferendī, ferendō,** …
- Gerundiv: **ferendus, -a, -um,** …
- Imperativ I: **fer! ferte!**
- Imperativ II: **fertō! fertōte! feruntō!**

Wichtige Komposita:
af-ferre *hintragen* (aus **ad** + **ferre**)
in-ferre *hineintragen*
au-ferre *wegnehmen* (aus **ab** + **ferre**)
of-ferre *anbieten*
con-ferre *zusammentragen*
per-ferre *überbringen, ertragen*
dif-ferre *sich unterscheiden*
prae-ferre *vorziehen*
re-ferre *zurückbringen*
trans-ferre *hinübertragen*

fieri *werden, geschehen, gemacht werden*

Stammformen: **fīō, factus sum**

Das Verb **fieri** hat im Präsensstamm mit Ausnahme des Infinitivs aktive Formen. Die Formen des Perfektstamms sind dagegen passivisch und gehen auf **facere** zurück. Umgekehrt dienen die Formen von **fieri** *gemacht werden* als Passiv zu **facere** *machen*. Also z. B.:

Pons factus est. *Die Brücke ist gebaut worden.* (Perfekt → PPP von **facere** + **est**)
Aber: **Pons fit.** *Die Brücke wird gebaut.* (Präsens → Form von **fieri**)

Aktive Formen	1. P. Sg.	2. P. Sg.	3. P. Sg.	1. P. Pl.	2. P. Pl.	3. P. Pl.
Präsens Ind.	fīō *ich werde (gemacht)*	fīs	fit	fīmus	fītis	fīunt
Präsens Konj.	fīam	fīās	fīat	fīāmus	fīātis	fīant
Imperfekt Ind.	fīēbam *ich wurde (gemacht)/bin (gemacht) (ge)worden*	fīēbās	fīēbat	fīēbāmus	fīēbātis	fīēbant
Imperfekt Konj.	fierem	fierēs	fieret	fierēmus	fierētis	fierent
Futur I Ind.	fīam	fīēs	fīet	fīēmus	fīētis	fīent

Passive Formen	1. P. Sg.	2. P. Sg.	3. P. Sg.	1. P. Pl.	2. P. Pl.	3. P. Pl.
Perfekt Ind.	factus, -a, -um sum *ich wurde (gemacht)/bin (gemacht) (ge)worden*	factus, -a, -um es	factus, -a, -um est	factī, -ae, -a sumus	factī, -ae, -a estis	factī, -ae, -a sunt
Perfekt Konj.	factus, -a, -um sim	factus, -a, -um sīs	factus, -a, -um sit	factī, -ae, -a sīmus	factī, -ae, -a sītis	factī, -ae, -a sint
Plusquamp. Ind.	factus, -a, -um eram *ich war (gemacht) (ge)worden*	factus, -a, -um erās	factus, -a, -um erat	factī, -ae, -a erāmus	factī, -ae, -a erātis	factī, -ae, -a erant
Plusquamp. Konj.	factus, -a, -um essem	factus, -a, -um essēs	factus, -a, -um esset	factī, -ae, -a essēmus	factī, -ae, -a essētis	factī, -ae, -a essent
Futur II Ind.	factus, -a, -um erō	factus, -a, -um eris	factus, -a, -um erit	factī, -ae, -a erimus	factī, -ae, -a eritis	factī, -ae, -a erunt

Infinitiv Präsens: **fierī**
Infinitiv Perfekt: **factum esse**
Infinitiv Futur: **futūrum esse** (= **fore**)

- Gerund: ----
- Gerundiv: **faciendus, -a, -um** …
- Imperativ I: **fī! fīte!**

velle *wollen*

Stammformen: **volō, voluī, --**

	1. P. Sg.	2. P. Sg.	3. P. Sg.	1. P. Pl.	2. P. Pl.	3. P. Pl.
Präsens Ind.	volō *ich will*	vīs	vult	volumus	vultis	volunt
Präsens Konj.	velim	velīs	velit	velīmus	velītis	velint
Imperfekt Ind.	volēbam *ich wollte/ habe gewollt*	volēbās	volēbat	volēbāmus	volēbātis	volēbant
Imperfekt Konj.	vellem	vellēs	vellet	vellēmus	vellētis	vellent
Futur I Ind.	volam *ich werde wollen*	volēs	volet	volēmus	volētis	volent

	1. P. Sg.	2. P. Sg.	3. P. Sg.	1. P. Pl.	2. P. Pl.	3. P. Pl.
Perfekt Ind.	voluī *ich wollte/ habe gewollt*	voluistī	voluit	voluimus	voluistis	voluērunt
Perfekt Konj.	voluerim	volueris	voluerit	voluerimus	volueritis	voluerint
Plusquamp. Ind.	volueram *ich hatte gewollt*	voluerās	voluerat	voluerāmus	voluerātis	voluerant
Plusquamp. Konj.	voluissem	voluissēs	voluisset	voluissēmus	voluissētis	voluissent
Futur II Ind.	voluerō	volueris	voluerit	voluerimus	volueritis	voluerint

- Infinitiv Präsens: **velle**
- Infinitiv Perfekt: **voluisse**
- Infinitiv Futur: ----
- Partizip Präsens: **volēns, volentis**
- Partizip Perfekt ----
- Partizip Futur: ----

nolle *nicht wollen*

(aus **non + velle**)

Stammformen: **nōlō, nōluī, --**

	1. P. Sg.	2. P. Sg.	3. P. Sg.	1. P. Pl.	2. P. Pl.	3. P. Pl.
Präsens Ind.	nōlō *ich will nicht*	nōn vīs	nōn vult	nōlumus	nōn vultis	nōlunt
Präsens Konj.	nōlim	nōlīs	nōlit	nōlīmus	nōlītis	nōlint
Imperfekt Ind.	nōlēbam *ich wollte nicht/habe nicht gewollt*	nōlēbās	nōlēbat	nōlēbāmus	nōlēbātis	nōlēbant
Imperfekt Konj.	nōllem	nōllēs	nōllet	nōllēmus	nōllētis	nōllent
Futur I Ind.	nōlam *ich werde nicht wollen*	nōlēs	nōlet	nōlēmus	nōlētis	nōlent

	1. P. Sg.	2. P. Sg.	3. P. Sg.	1. P. Pl.	2. P. Pl.	3. P. Pl.
Perfekt Ind.	nōluī *ich wollte nicht/ habe nicht gewollt*	nōluistī	nōluit	nōluimus	nōluistis	nōlu-ērunt
Perfekt Konj.	nōluerim	nōlu-eris	nōluerit	nōlu-erimus	nōlu-eritis	nōluerint
Plus-quamp. Ind.	nōlueram *ich hatte nicht gewollt*	nōlu-erās	nōluerat	nōlu-erāmus	nōlu-erātis	nōlu-erant
Plus-quamp. Konj.	nōluissem	nōlu-issēs	nōlu-isset	nōlu-issēmus	nōlu-issētis	nōlu-issent
Futur II Ind.	nōluerō	nōlu-eris	nōluerit	nōlu-erimus	nōlu-eritis	nōlu-erint

- Infinitiv Präsens: **nōlle**
- Infinitiv Perfekt: **nōluisse**
- Infinitiv Futur: ----
- Partizip Präsens: **nōlēns, nōlentis** ...
- Partizip Perfekt: ----
- Partizip Futur: ----
- Imperativ I: **nōlī! nōlīte!**

Der Imperativ von **nolle** ist wichtig, weil er zur Verneinung des Imperativs anderer Verben (▸ s. auch Kap. 12, S. 129) dient: **Noli(te) me tangere!** *Fass(t) mich nicht an!*

malle *lieber wollen*

(aus **magis + velle***)*

Stammformen: **mālo, māluī, --**

	1. P. Sg.	2. P. Sg.	3. P. Sg.	1. P. Pl.	2. P. Pl.	3. P. Pl.
Präsens Ind.	mālō *ich will lieber*	māvīs	māvult	mālumus	māvultis	mālunt
Präsens Konj.	mālim	mālīs	mālit	mālīmus	mālītis	mālint
Imper-fekt Ind.	mālēbam *ich wollte lieber/habe lieber gewollt*	mālēbās	mālēbat	mālēbāmus	mālēbātis	mālēbant
Imper-fekt Konj.	māllem	māllēs	māllet	māllēmus	māllētis	māllent
Futur I Ind.	mālam *ich werde lieber wollen*	mālēs	mālet	mālēmus	mālētis	mālent

	1. P. Sg.	2. P. Sg.	3. P. Sg.	1. P. Pl.	2. P. Pl.	3. P. Pl.
Perfekt Ind.	māluī *ich wollte lieber/ habe lieber gewollt*	māluistī	māluit	māluimus	māluistis	mālu-ērunt
Perfekt Konj.	māluerim	mālueris	māluerit	mālu-erimus	mālu-eritis	māluerint
Plus-quamp. Ind.	mālueram *ich hatte lieber ge-wollt*	māluerās	māluerat	mālu-erāmus	mālu-erātis	mālu-erant
Plus-quamp. Konj.	māluissem	māluissēs	māluisset	mālu-issēmus	mālu-issētis	mālu-issent
Futur II Ind.	māluerō	mālueris	māluerit	mālu-erimus	mālu-eritis	māluerint

- Infinitiv Präsens: **mālle**
- Infinitiv Perfekt: **māluisse**
- Infinitiv Futur: ----
- Partizip Präsens: **mālēns, mālentis** ...
- Partizip Perfekt: ----
- Partizip Futur: ----

Einzelne Besonderheiten

- Einige wichtige Verben existieren nur in Formen des Perfektstamms:
  coepisse *begonnen haben* (dazu als Präsens: **incipere** *anfangen*)
  meminisse *sich erinnern* (dt. Präsens!); als Plusquamperfekt: **memineram** *ich erinnerte mich*
  odisse *hassen* (dt. Präsens!)

- In vergleichbarer Weise hat das Perfekt von **noscere** *kennenlernen, erkennen* häufig präsentische Bedeutung:
  novisse *kennen, wissen* (eigtl: *erkannt haben, kennengelernt haben*)

- Von folgenden Verben sind nur einzelne Formen gebräuchlich:
  aio, ais, ait (Präsens + Perfekt), **aiunt** *sagen, behaupten;*
  inquit, inquiam *sagt(e) XY, sag(t)e ich*

- Das Verb **(com)edere** *essen* (nicht zu verwechseln mit **edere** *herausgeben*) verfügt über Kurzformen, die bis auf das lange **ē-** mit den Formen von **esse** *sein* identisch sind: **ēsse** (Inf.), **ēs** *du isst*, **ēst** *er isst*, **ēstis**, *ihr esst* ...

Kasuslehre

Kongruenz

Da die Wortstellung im lateinischen Satz weitestgehend frei und nicht vorgegeben ist, spielt die sogenannte Kongruenz (Übereinstimmung; beispielsweise von Subjekt und Prädikat, von Adjektiv und zugehörigem Substantiv) eine sehr wichtige Rolle und ist unabdingbar für das Verständnis lateinischer Texte. Sie setzt die Kenntnis der Wörter und Formen voraus, um die vorhandene Zusammengehörigkeit erkennen zu können: z. B.

canis mordax *der/ein bissiger Hund*
senatoribus claris *berühmten Senatoren/den berühmten Senatoren*
mulierum bonarum *schöner Frauen/der schönen Frauen*

Andererseits ist die Kongruenz für lateinische Autoren ein Werkzeug, um ihre Texte kunstvoll auszugestalten und weitläufige Spannungsbögen aufbauen zu können. Vergleichen Sie z. B.:

In nova fert animus mutatas dicere formas corpora. (Ov. met. 1,1-2)
Von in neue Körper verwandelten Gestalten drängt es mich zu erzählen.

Gerade das lateinische Kasus- und das damit verbundene Kongruenzsystem sind also von großer Bedeutung für die Ästhetik und das Verständnis der Texte.

Funktionen der Nomen

In einem lateinischen Satz hat jedes Nomen einen bestimmten Kasus, den man an seinem Ausgang erkennen kann (▸ s. Kap. 2). Da die Wortstellung recht frei ist, ist die Funktion eines Nomens innerhalb eines Satzes nur am Kasus ersichtlich. Die Grundfragen sind dabei die folgenden:

Nominativ: **Wer?/Was?** Genitiv: **Wessen?** Dativ: **Wem?**

Akkusativ: **Wen?/Was?** Ablativ: **Womit? Wovon? Wann? Wo?**

Für die genaue Übersetzung muss man jedoch oft die verschiedenen Kasusfunktionen kennen.

Nominativ

Nominativ als Subjekt

Wie im Deutschen hat das Nomen im Nominativ die Satzgliedfunktion des Subjekts (Frage: ***Wer?/Was?***). Dabei besteht zwischen Subjekt und Prädikat Kongruenz, also Übereinstimmung in Numerus und Person:

Aves cantant. *Die Vögel singen.* **Illa avis non cantat.** *Jener Vogel singt nicht.*
(Tu) semper cantas. *Du singst immer.*

Achten Sie auch auf sog. „verdeckte Subjekte“, die aus dem Kontext gezogen werden müssen und auf die nur die Verbform verweist:
Lupus ad rivum cucurrit; in ripa constitit.
Der Wolf lief zum Bach; [er] blieb am Ufer stehen.

Nominativ als Prädikatsnomen

Ein Nomen im Nominativ kann als Prädikatsnomen zusammen mit einem Hilfsverb (meist **esse**) das Prädikat bilden. Es steht in KNG-Kongruenz (Übereinstimmung in Kasus, Numerus und Genus) zum Subjekt des Satzes:

Omnes amici tristes sunt. *Alle Freunde sind traurig.*
Marcus discipulus est. *Markus ist ein Schüler.*
Illa mulier pulcherrima est. *Die Frau dort ist wunderschön.*

Das Prädikatsnomen muss sich im Genus nicht nach dem grammatischen Subjekt (hier im Beispiel: **milia** = n. Pl.) richten, sondern kann auch dem **Sinn** folgen:
Duo milia captivorum liberati sunt.
2000 Gefangene wurden freigelassen.

Das Prädikatsnomen kann bei mehreren Subjekten, wenn es sich um Sachen handelt, im Singular stehen und sich im Genus nach dem nächststehenden richten; es kann dann aber auch im Neutrum Plural gehalten sein:
Terra et aqua et aer et ignis a deo creatus est.
Erde, Wasser, Luft und Feuer wurden von Gott erschaffen.
Honores et divitiae caduca sunt. *Ehre und Reichtum sind vergänglich.*

Bei mehreren Subjekten mit verschiedenem biologischen Geschlecht dominiert das Maskulinum:
Antonius et Cleopatra amore perdito inter se sunt incensi.
Antonius und Kleopatra entbrannten in heilloser Liebe zueinander.

Nominativ als Prädikativum

Meist im Nominativ gebraucht (aber auch in anderen Kasus möglich), haben einige bestimmte Substantive, Adjektive und Partizipien manchmal die Funktion des Prädikativums, d. h. sie charakterisieren nicht nur ihr Bezugswort – erkennbar an der KNG-Kongruenz zu ihm (bei Substantiven nur Kongruenz in Kasus und Numerus, da es sich beim Prädikativum um ein Wort mit anderem Genus handeln kann) –, sondern sie stehen zugleich in einer Bedeutungsbeziehung zum Prädikat und präzisieren dessen Aussage. Übersetzt wird meist mit einem Adverb/einer adverbialen Bestimmung oder mit *als*:

- Bei Substantiven als Prädikativa handelt es sich meist um Amtsbezeichnungen oder Altersangaben (z. B. **consul** *als Konsul*, **senex** *als Greis* …):
  Filius iam infans omnes vicit.
  Sein Sohn hat schon als Baby alle übertroffen.
- Bei Adjektiven/Partizipien wird meist ein körperlich/seelischer Zustand oder ein räumliches/zeitliches Verhältnis bezeichnet (z. B. **laetus** *froh*, **vivus** *zu Lebzeiten*, **mortuus** *als Toter*, **absens** *in Abwesenheit* …):
  Milites ad castra integri pergunt.
  Die Soldaten machen sich unverletzt auf den Weg ins Lager.
  Hannibal princeps in proelium ibat, ultimus excedebat.
  Hannibal ging als Erster in die Schlacht und kam als Letzter wieder heraus.

Genitiv

Der Genitiv bezeichnet die Zugehörigkeit oder die Beziehung einer Person/Sache zu einem anderen Wort. Er kann im Lateinischen sowohl attributiv als auch prädikativ gebraucht werden.

Genitiv der Zugehörigkeit (Genitivus possessivus/possessoris)

Der Genitiv der Zugehörigkeit bezeichnet eine besitzende Person. Er steht als Attribut bei einem Substantiv auf die Frage *„Wessen?"*:

impudentia hominum *die Unvorsichtigkeit der Menschen*
filius Catonis *Catos Sohn*
Graecorum philosophi *die Philosophen der Griechen*

Bei Formen von **esse** steht er dagegen als Prädikatsnomen. Hier muss man etwas freier bspw. mit *gehören, haben* o.ä. übersetzen:

Amo libros, qui avi sunt. *Ich liebe die Bücher, die meinem Großvater gehören.*
Praeter Capitolium omnia hostium erant.
Außer dem Kapitol befand sich alles in der Hand/war alles im Besitz der Feinde.

Während der Genitiv der Zugehörigkeit die besitzende Person betont, wird beim Dativ der Zugehörigkeit der Besitz hervorgehoben:
Villa senatoris est.
Das Landhaus gehört dem Senator. (gemeint: nicht z. B. dem Soldaten)
Villa senatori est.
Das Landhaus gehört dem Senator. (gemeint ist: Außerdem gehören ihm noch z. B. die Äcker. Oder: nicht aber die Äcker)

Der Genitiv der Zugehörigkeit steht auch im übertragenen Sinn in Verbindung mit unpersönlichem **est/erat, videtur, ducitur** u. ä., um einen Aufgabenbereich/Wesenszug anzugeben. Als Übersetzung passt hier:

Es ist (/scheint/gilt als) jds. Aufgabe/Pflicht/Eigenschaft / Es ist ein Zeichen von ... / Es zeugt von/verrät/beweist ... oder *Es ist charakteristisch/typisch für ...*

Cuiusvis hominis est errare. *Es ist typisch für jeden Menschen, sich zu irren.*
Id stultitiae est. *Das ist ein Zeichen von Dummheit / Das zeugt von Dummheit.*

Genitivus subiectivus und obiectivus

Nach Substantiven, die eine Empfindung bzw. eine Handlung ausdrücken, kann der Genitiv Folgendes bezeichnen:

- Als Genitivus subiectivus bezeichnet er die Person, die als „Subjekt"/Urheber diese Empfindung hat bzw. diese Handlung ausführt.
- Als Genitivus obiectivus bezeichnet er die Person/Sache, die das „Objekt"/Ziel dieser Empfindung bzw. dieser Handlung ist. Übersetzt wird meist mit Präpositionalausdruck.

Vergleichen Sie die unterschiedlichen Übersetzungsmöglichkeiten bei den folgenden Beispielen.

	Genitivus subiectivus	Genitivus obiectivus
Timor animalis magnus est.	*Die Angst des Tieres ist groß.*	*Die Angst vor dem Tier ist groß.*
amor parentum	*die Liebe der Eltern*	*die Liebe zu den Eltern*
victoria Poenorum	*der Sieg der Punier*	*der Sieg über die Punier*

Welcher der beiden Genitive vorliegt, muss aus dem Textzusammenhang erschlossen werden.

Teilgenitiv (Genitivus partitivus)

Der Teilgenitiv bezeichnet das Ganze, von dem ein bestimmter Teil angegeben wird. Er steht vor allem nach…

- Substantiven/substantivierten Adjektiven, die eine Menge/ein Maß angeben, z. B.: **multitudo/copia/**vis *eine Menge,* **pars** *ein Teil,* **multum** *viel,* **paulum** *wenig,* **aliquantum** *ziemlich viel,* **tantum** *so viel …*
  copia frumenti *eine Menge Getreide*
  pars hominum *ein Teil der Leute*
  multum vini *viel (an) Wein*
- einigen substantivisch gebrauchten Pronomina, z. B.: **nemo** *niemand,* **quis** *wer?,* **nihil** *nichts,* **alter** *der eine (von beiden),* **aliquid** *(irgend)etwas …*
  alter viarum *einer (der beiden) Wege*
  aliquid novi *(irgend)etwas Neues*
  nihil iucundi *nichts Erfreuliches*
  quis hominum? *wer von den Menschen?*
- Komparativen, Superlativen und Ordnungszahlen, z. B.: **princeps** *der Erste,* **pulcherrimi** *die schönsten,* **fortissimi** *die tapfersten,* **maior** *der ältere …*
  fortissimi omnium Romanorum *die tapfersten von allen Römern*
  princeps oratorum *der Erste unter den Rednern*
- bestimmten Quantitätsadverbien wie **satis** *genug,* **parum** *zu wenig,* **nimis** *zu sehr/zu viel* und bei folgenden Wendungen mit Ortsadverbien**:**
  satis cibi *genug Nahrung*
  parum temporis *zu wenig Zeit*
  ubi terrarum? *Wo in aller Welt?*
  quo gentium? *Wohin in aller Welt?*

Als Alternative zum Teilgenitiv finden sich teilweise auch Wendungen mit den Präpositionen **e/ex** und **de:**
complures ex amicis *mehrere von den Freunden*
unus de multis *einer von vielen*

Genitiv der Begriffsbestimmung (Genitivus explicativus)

Der Genitiv der Begriffsbestimmung erklärt einen allgemeinen Begriff näher, indem er eine besondere Erscheinungsform desselben hinzufügt: z. B.

nomen regis *der Titel „König";* **vox victoriae** *das Wort „Sieg";* **virtus clementiae** *die Tugend der Gnade*

Genitiv der Beschaffenheit (Genitivus qualitatis)

Der Genitiv der Beschaffenheit drückt die Eigenschaft oder Beschaffenheit eines Substantivs aus. Er wird meist als Maß-/Art-/Zahl-/Wertbestimmung verwendet und steht nie als einzelnes Wort, sondern immer zusammen mit einem Attribut (Adjektiv/Pronomen/Zahlwort). Häufig ist kein Unterschied zum Ablativus qualitatis festzustellen (vgl. dort). Er kann attributiv oder als Prädikatsnomen neben **esse** verwendet werden. Für die Übersetzung empfiehlt sich meist eine freiere Wiedergabe:

puer decem annorum
ein Junge von 10 Jahren (= ein zehnjähriger Junge)
Puellam eximii ingenii novi.
Ich kenne ein Mädchen von außerordentlicher Begabung (= ein sehr begabtes Mädchen).
Cicero magnae eloquentiae erat.
Cicero war von großer Redegewandtheit (= war sehr redegewandt).
Illa res magni est momenti.
Diese Angelegenheit ist von großer Bedeutung (= sehr wichtig).

Genitiv des Wertes (Genitivus pretii)

Dieser Genitiv gibt den Wert einer Person/Sache an. Er wird verwendet für …

- allgemeine Wertangaben bei den Verben des Geltens/Wertens:

magni *viel/hoch* **pluris** *mehr/höher/recht viel/recht hoch* **plurimi** *am meisten/am höchsten* **parvi** *wenig/gering* **minoris** *weniger/geringer* **minimi** *am wenigsten/am geringsten* **tanti** *so viel/so hoch* **tantidem** *ebenso viel/ebenso hoch* **quanti** *wie viel/wie hoch*	+	**esse** *wert sein* **aestimare, ducere, facere, putare** *schätzen/achten*

Te pluris facio quam fratrem meum.
Ich schätze dich mehr als meinen eigenen Bruder.

- vergleichende/fragende Angaben bei den Verben des Geldverkehrs:

pluris *teurer/mehr* **minoris** *billiger/weniger* **tanti** *so teuer/so viel* **tantidem** *ebenso teuer/ebenso viel* **quanti** *wie teuer/wie viel*	+	**emere** *kaufen* **vendere** *verkaufen* **venire** *verkauft werden* **(con)stare** *kosten* **locare** *vermieten*

Quanti librum vendit? *Für wie viel hat er das Buch verkauft?*

Aber: Für allgemeine Preisangaben bei den Verben des Geldverkehrs wird der Ablativ des Wertes verwendet:
magno emere *teuer kaufen*, **minimo vendere** *sehr billig verkaufen* …

Genitiv bei Adjektiven/Partizipien

Einige Adjektive/Partizipien stehen im Lateinischen mit Genitiv:

- **proprius** *eigentümlich, wesenhaft (für)* und **sacer** *(dem/der …) heilig/geweiht:*
  animal Iunonis sacrum *ein der Juno heiliges/geweihtes Tier*
- Adjektive des Bedeutungsbereichs *„begierig, kundig, eingedenk, teilhaftig, mächtig, voll"* und ihren Gegenteilen: z. B.:
  - **cupidus** *begierig (nach)*
  - **(im)peritus** *(einer Sache) (un)kundig*
  - **(im)memor** *(nicht) denkend (an)*
  - **conscius** *(einer Sache) bewusst*
  - **plenus** *voll (von/mit)*
  - **particeps** *(einer Sache) teilhaftig*
  - **expers** *ohne Anteil (an), unkundig*
  - **potens, compos** *(einer Sache) mächtig*

  cupidus regendi *begierig danach zu herrschen*
  Graeci sermonis expers *der griechischen Sprache unkundig*
  memor temporum antiquorum *an die alten Zeiten denkend*
- das Partizip Präsens einiger Verben bei Angabe einer dauerhaften Eigenschaft: **appetens** *begierig (nach),* **amans** *(…) liebend,* **fugiens** *(…) scheu*
  - **appetens gloriae** *ehrgeizig*
  - **amans patriae** *heimatliebend*
  - **fugiens laboris** *arbeitsscheu*

Einige Adjektive der (Un-)Gleichheit werden mit Genitiv oder Dativ verbunden, so z. B. **(dis)similis** *(einer Sache/jdm.) (un)ähnlich,* **communis** *(einer Sache/jdm.) gemeinsam,* **(dis)par** *(einer Sache/jdm.) (un)gleich,* **aequalis** *(einer Sache/jdm.) gleich*
Filius patris/patri similis est. *Der Sohn ist dem Vater ähnlich.*

Genitiv bei Verben

Der Genitiv kann auch als Objekt bei bestimmten Verben stehen. So bei …

- den Verben des Erinnerns/Vergessens, z. B. **meminisse** *sich erinnern,* **oblivisci** *vergessen,* **mihi in mentem venit** *mir kommt in den Sinn*
  Memini illius fabulae. *Ich erinnere mich an jenes Märchen.*

Manchmal steht bei diesen Verben auch ein Akkusativ oder **de** mit Ablativ.

- unpersönlichen Ausdrücken der Empfindung, z. B. **piget** *es ärgert,* **pudet** *es beschämt,* **paenitet** *es reut,* **taedet** *es ekelt,* **miseret** *es rührt zu Mitleid.* Hierbei steht die Person, die etwas empfindet, im Akkusativ, die Person/Sache, auf die sich die Empfindung bezieht, im Genitiv:
  Me stultitiae meae pudet. *Ich schäme mich für meine Dummheit.*
  Me tui miseret. *Du tust mir leid.*
- den Verben der Gerichtssprache, um über den Gegenstand der Verhandlung zu sprechen (Straftat/Schuld), z. B. **accusare** *anklagen,* **arguere** *beschuldigen,* **arcessere** *(gerichtlich) belangen,* **convincere** *überführen,* **damnare** *verurteilen,* **absolvere** *freisprechen*
  Te furti accuso. *Ich klage dich des Diebstahls an!*

Für die Bestrafung wird normalerweise der Ablativ verwendet (z. B. **morte multare** *mit dem Tod bestrafen*). Ausnahmsweise steht aber auch hier der Genitiv, wenn es sich um Quantitätsadjektive oder eine Wendung mit **capitis** handelt:
minoris damnare *zu einer geringeren Strafsumme verurteilen*
capitis damnare/accusare/absolvere *zum Tode verurteilen/auf Tod und Leben anklagen/von der Todesstrafe freisprechen*

- Verben, die Wichtigkeit ausdrücken, z. B. **interest** *es ist wichtig,* **refert** *es ist wichtig:*
  Interest omnium recte facere.
  Es liegt im Interesse aller/Es ist für alle wichtig, richtig zu handeln.

Die Person, der etwas wichtig ist, steht im Genitiv. Die Sache, die wichtig ist, wird durch ein Pronomen, einen Infinitiv/AcI oder einen indirekten Fragesatz angegeben. Der Grad des Interesses kann z. B. durch einen Genitiv des Wertes (z. B. **magni** *sehr*) oder durch ein Adverb (z. B. **maxime** *überaus*) ausgedrückt werden.

Achtung: Anstelle der Personalpronomen wird die entsprechende Form des Possessivpronomens im Abl. Sg. f. verwendet:
mea/tua ... interest *es ist wichtig für mich/dich/...*

Dativ

Der Dativ bezeichnet die Person/Sache, der eine Handlung gilt, oder gibt einen Zweck/eine Wirkung an. Er steht somit auf die Fragen ***Wem?/Wofür?/Wozu?***.

Dativ als Objekt

Die Hauptaufgabe des Dativs ist die des Dativobjekts. Dieses steht ...

- bei den Verben des Bedeutungsfeldes *„geben, anvertrauen, dienen, helfen, nützen, raten"* u. ä., so z. B. **dare** *geben*, **credere** *anvertrauen*, **nuntiare** *melden*, **mittere** *schicken*, **servire** *dienen*, **prodesse** *nützen*, **suadere** *raten*, **dicere** *sagen* ...
- bei einigen unpersönlichen Ausdrücken (hier beispielhaft mit **mihi**), z. B.: **licet mihi** *es ist mir erlaubt,* **placet mihi** *es gefällt mir/ich beschließe,* **libet mihi** *es beliebt mir,* **accidit mihi** *es widerfährt mir*

Vorsicht: Bei manchen Verben weichen die Kasus im Lateinischen (Dat.) und Deutschen (Akk.) voneinander ab, z. B. **favere amico** *den Freund begünstigen,* **parcere hostibus** *die Feinde verschonen,* **persuadere patri** *den Vater überreden/überzeugen,* **invidere senatori** *den Senator beneiden,* **nubere viro** *einen Mann heiraten,* **mederi morbis** *Krankheiten heilen.*
Diese folglich intransitiven Verben können im Gegensatz zum Deutschen im Lateinischen nur ein unpersönliches Passiv bilden:
Nobis invidetur. *Wir werden beneidet.*

Im Deutschen findet sich nicht selten auch eine Übersetzung des Dativobjekts mit Präpositionalausdruck:
respondere alicui rei *auf etwas antworten*
bellum facere alicui *Krieg gegen jdn. anstiften/führen*

Manche Verben ändern ihre Bedeutung, je nachdem ob sie im Lateinischen mit Akkusativ oder mit Dativ stehen:

consulere + Akk. *um Rat fragen* amicam consulere *die Freundin um Rat fragen*	**consulere + Dat.** *sorgen für* familiae consulere *für die Familie sorgen*
providere/prospicere + Akk. *vorhersehen* res futuras providere *die Zukunft vorhersehen*	**providere/prospicere + Dat.** *sorgen für* liberis providere *für die Kinder sorgen*
cavere + Akk. *sich hüten vor* canem cavere *sich vor dem Hund hüten*	**cavere + Dat.** *sorgen für* parentibus cavere *für die Eltern sorgen*
timere/metuere + Akk. *sich fürchten vor* dolorem timere *sich vor dem Schmerz fürchten*	**timere/metuere + Dat.** *sich um etw. ängstigen* saluti timere *sich um seine Gesundheit ängstigen*
temperare + Akk. *leiten, ordnen* rem publicam temperare *den Staat leiten*	**temperare + Dat.** *mäßigen, zügeln* irae temperare *seinen Zorn zügeln*

Dativ bei Adjektiven

Ähnlich dem Deutschen steht der Dativ bei einigen gängigen Adjektiven, z. B. **communis** *gemeinsam,* **fidus** *treu,* **par** *gleich,* **gratus/iucundus** *angenehm,* **utilis** *nützlich,* **invisus** *verhasst* …
(▸ vgl. auch Tipp, S. 80: die Adjektive der [Un]Gleichheit, die mit Dativ oder Genitiv stehen können)

Dativ des Vor-/Nachteils (Dativus [in]commodi)

Der Dativ des Vorteils bezeichnet eine Person/Sache, zu deren Vorteil/Nutzen beziehungsweise Nachteil/Schaden etwas passiert. Frage: ***Für wen?/Wofür?***.

Non scholae, sed vitae discimus.
Nicht für die Schule, sondern für das Leben lernen wir.

Dativ des Urhebers (Dativus auctoris)

Beim prädikativen Gerundiv gibt der Dativ des Urhebers die Person an, die etwas tun muss beziehungsweise nicht tun darf.

Hi libri tibi legendi sunt.
Diese Bücher müssen von dir gelesen werden. (= *Du musst diese Bücher lesen.*)

Dativ der Zugehörigkeit (Dativus possessivus)

Der Dativ der Zugehörigkeit gibt in Verbindung mit **esse** die Person an, der etwas gehört/für die etwas vorhanden ist. Meist bietet sich eine Übersetzung mit *haben* an. Bei materiellen Gütern steht häufiger **habere** *haben* oder **possidere** *besitzen*.

Mihi opes sunt. *Ich besitze/habe Vermögen.*
Nobis quondam fuerunt multi amici. *Einst hatten wir viele Freunde.*
Mihi nomen est Titus. *Ich heiße Titus (= habe den Namen Titus).*

Während der Genitiv der Zugehörigkeit die besitzende Person betont, wird beim Dativ der Zugehörigkeit der **Besitz** hervorgehoben (▸ vgl. Beispiele, S. 77).

Dativ des Zwecks (Dativus finalis)

Der Dativ des Zwecks gibt auf die Frage *Wozu?* den Zweck oder die Wirkung an. Er bildet nicht selten zusammen mit einer Person im Dativ (Dativus commodi) den sogenannten „doppelten Dativ".

Imber mihi odio est. *Regen ist mir verhasst.*

Am häufigsten findet sich der Dativ des Zwecks ...

- mit **esse** (hier in etwa *dienen/gereichen*, sollte aber freier übersetzt werden): **usui esse** *Nutzen bringen/nützlich sein,* **honori esse** *Ehre bringen,* **cordi esse** *Sorge machen/Kummer bereiten/am Herzen liegen,* **curae esse** *am Herzen liegen/Sorge machen,* **invidiae esse** *beneidet werden,* **odio esse** *gehasst werden/verhasst sein,* **impedimento esse** *hinderlich sein,* **laudi esse** *lobenswert sein*
  Hannibal: **„Odi odioque sum Romanis."**
  Hannibal sagte: „Ich hasse die Römer und werde von ihnen gehasst."
- mit **dare/tribuere/vertere: vitio dare** *als Fehler anrechnen,* **crimini dare** *zum Vorwurf machen,* **laudi vertere** *als lobenswert anrechnen,* **superbiae tribuere** *als Hochmut auslegen*
  Hoc factum vobis vitio do. *Diese Tat rechne ich euch als Fehler an.*
- bei einigen Wendungen, v. a. aus der Militärsprache: **auxilio venire** *zu Hilfe kommen,* **praesidio relinquere** *zum Schutz zurücklassen,* **auxilio mittere/arcessere** *zu Hilfe schicken/holen,* **receptui canere** *zum Rückzug blasen*
  Caesar copias praesidio castris reliquit.
  Cäsar ließ Truppen zum Schutz des Lagers zurück.

Akkusativ

Der Akkusativ tritt vor allem als (im lateinischen Satz häufigstes) Objekt und als Richtungskasus auf.

Akkusativ als Objekt

Verben mit Akkusativobjekt (auf die Frage ***Wen?/Was?***) werden transitiv genannt. Verben, die mit einem anderen Kasus oder ohne Ergänzung stehen, nennt man hingegen intransitiv (z. B. **servire domino** *seinem Herrn dienen*). Dies ist unter anderem für das Passiv relevant, denn nur transitiv gebrauchte Verben bilden ein sog. persönliches Passiv, bei dem der Objektsakkusativ zum Subjektsnominativ wird:

Magister discipulum laudat. *Der Lehrer lobt den Schüler.*	→	**Discipulus a magistro laudatur.** *Der Schüler wird vom Lehrer gelobt.*

In den überwiegenden Fällen liegen lateinische und deutsche Verben beim Akkusativobjekt parallel. Davon abweichend steht der lateinische Akkusativ …

- bei folgenden unpersönlichen Ausdrücken (hier beispielhaft mit **me**): **me decet** *es schickt sich für mich,* **me fallit** *es entgeht mir,* **me fugit/me praeterit** *es entgeht mir,* **me iuvat** *es gefällt mir*
- bei den unpersönlichen Ausdrücken des Empfindens (▸ vgl. Genitiv bei Verben, S. 80 f.): **me piget/pudet/paenitet/taedet/miseret + Genitiv**

Vorsicht: Wie schon beim Dativ weichen die Kasus im Lateinischen (Akk.) manchmal vom Deutschen (oft Dat.) ab, z.B: **fugere canem** *vor dem Hund fliehen,* **effugere hostem** *dem Feind entfliehen,* **deficere filium** *dem Sohn fehlen/mangeln,* **(ad)iuvare amicam** *der Freundin helfen,* **sequi matrem** *der Mutter folgen,* **ulcisci iniuriam/indicem** *sich für ein Unrecht/an einem Verräter rächen*
Fortes Fortuna adiuvat. *Den Tüchtigen hilft das Glück.*
Achtung beim persönlichen Passiv dieser Verben: Im Deutschen wird meist unpersönlich übersetzt: **adiuvor** *mir wird geholfen*

Für die Verben, die ihre Bedeutung je nach Gebrauch mit Akk. oder Dat. ändern ▸ s. Dativ als Objekt, S. 81 f.

Verben der Gefühlsäußerung können entweder intransitiv (z. B. **queror** *ich klage,* **queri de iniuria** *über ein Unrecht klagen*) oder transitiv mit Akkusativobjekt verwendet werden, z. B.: **queri iniuriam** *über ein Unrecht klagen,* **dolere ventrem** *Bauchschmerzen haben,* **desperare pacem** *die Hoffnung auf Frieden aufgeben,* **horrere crimen** *vor dem Verbrechen schaudern,* **lugere mortem amici** *den Tod des Freundes betrauern,* **(ad)mirari oratorem** *sich über den Redner wundern/den Redner bewundern …*

Doppelter Akkusativ

Manche Verben können zwei Akkusative bei sich haben. Diese bezeichnen

- eine Sache und eine Person, z. B. bei **docere** *lehren*, **celare** *verheimlichen*, **poscere** *fordern*, **flagitare** *verlangen*, **orare/rogare** *bitten*, **interrogare** *fragen*.
  Virtutem te posco. *Ich fordere Mut von dir.*
  Dei homines res futuras celant.
  Die Götter verheimlichen den Menschen die Zukunft.

Oft ist das Sachobjekt das Neutrum eines Pronomens. Immer ist dies der Fall bei **orare/rogare** und **interrogare**:
Id te oro. *Darum bitte ich dich.*

- eine **Person** und einen **Ort** bei den Verben des Hinüberführens: **traicere** *hinüberführen*, **traducere** *hinüberführen*, **transportare** *hinübersetzen*.
  Te vallem traducam. *Ich werde dich über das Tal führen.*
  Exercitus partem Caesar flumen traiecit. *Einen Teil des Heeres führte Cäsar über den Fluss.*
- ein Objekt und ein zugehöriges Prädikativum bei den Verben folgender Bedeutung:
  machen (zu), wählen – **facere, creare**; *(er)nennen* – **dicere, nominare, appellare**; *halten (für), beurteilen* – **putare, existimare, ducere, iudicare, arbitrari** (im Passiv auch oft **habere**); *haben* – **habere**; *nehmen* – **sumere**; *geben* – **dare**; *sich zeigen, sich bewähren* – **se praebere, se praestare**

  Te felicem dico. *Ich nenne dich glücklich.*
  Vos bonos duco. *Ich halte euch für tüchtig.*
  Quintum amicum habemus. *Wir haben Quintus zum Freund.*
  Se fortes praebent. *Sie zeigen sich tapfer.*

Im Passiv wird der doppelte Akkusativ zum doppelten Nominativ!
Princeps rex factus est. *Der Vornehmste wurde zum König gewählt.*

Akkusativ des Ausrufs

Ein einzelner oder mit einer Interjektion verbundener Akkusativ wird für Ausrufe des Schmerzes oder der Verwunderung verwendet.

Heu me miserum! *Ach ich Unglücklicher!*
O tempora, o mores! *O was für Zeiten, was für Sitten!*

Akkusativ der Ausdehnung

Der Akkusativ gibt auf die Frage *„**Wie hoch/tief/lang/breit?**"* und *"**Wie lange?**"* eine räumliche bzw. zeitliche Ausdehnung an.

dies noctesque laborare *Tag und Nacht arbeiten*
trecentos pedes altus/latus *300 Fuß hoch/breit*
viginti annos natus *20 Jahre alt*

Akkusativ der Richtung

Der Akkusativ der Richtung steht bei Verben der Bewegung auf die Frage *"Wohin?"*.

Der bloße Akkusativ steht bei den Namen von Städten und kleineren Inseln: z. B. **Romam/Carthaginem/Athenas proficisci** *nach Rom/Karthago/Athen reisen*

Will man nicht in die Stadt selbst, sondern nur in die Gegend, so steht die Präposition **ad: ad Delphos** *in die Gegend von Delphi*

Handelt es sich um eine große Insel (z. B. **Sicilia** *Sizilien*, **Sardinia** *Sardinien*, **Britannia** *Britannien*, **Creta** *Kreta*, **Euboea** *Euböa*) oder ein Land oder findet sich eine attributslose Apposition (also ein erklärendes Nomen) beim Namen einer Stadt, so steht die Präposition **in:**

in Graeciam venire *nach Griechenland kommen*
in urbem Romam ire *in die Stadt Rom gehen*

Wird die Apposition einer Stadt mit Attribut versehen, kann sie die Präposition **in** erhalten und wird hinter die Stadt gestellt. Die Stadt selbst steht im Akkusativ:
Romam, (in) urbem claram *in die berühmte Stadt Rom*

Auch **domum /rus** stehen mit präpositionslosem Akkusativ:
domum mittere *nach Hause schicken*; **rus vehi** *aufs Land fahren*

Aber: Tritt zu **domus** ein Attribut, verwendet man die Präposition **in:**
in domum veterem *in das alte Haus*
Gibt das Attribut die besitzende Person an, wird weiterhin nur **domum** benutzt:
domum patris *ins Haus des Vaters*

Die Verben der Bedeutung *ankommen/melden/versammeln* stehen im Lateinischen – anders als im Deutschen *(Wo?)* – auf die Frage *„Wohin?"* mit Akkusativ:
in forum convenire *auf dem Forum zusammenkommen*
omnia Romam nuntiare *alles in Rom melden*
huc/eo advenire *hier/dort ankommen*

Ablativ

Der Ablativ ist der einzige Kasus, den es im Deutschen nicht gibt. Die von ihm getragenen Inhalte müssen in der Übersetzung also anders ausgedrückt werden. Im Ablativ sind drei ursprünglich getrennte Kasus zusammengeflossen: der eigentliche Ablativ (Separativus), der Instrumentalis und der Lokativ. Das Fragenspektrum des Ablativs ist daher recht breit und geht u. a. von ***Woher?/ Wovon?*** über ***Womit?/Wodurch?*** bis hin zu ***Wo?*** und ***Wann?***.

Ablativ der Trennung (Ablativus separativus)

Der Ablativ der Trennung kann in weitere Unterkategorien gegliedert werden:

Ablativ des Ausgangspunkts

Bei den Verben der Bewegung gibt er auf die Frage ***Woher?/Von wo aus?*** den örtlichen Ausgangspunkt an. Hier gilt Ähnliches wie für den Akkusativ der Richtung:

Bei den Namen von Städten und kleineren Inseln steht der bloße Ablativ:

Roma/Carthagine/Athenis proficisci *von Rom/Karthago/Athen aufbrechen*

Wiederum gilt: Geht es nicht um die Stadt selbst, sondern nur um die Gegend, so steht die Präposition **a(b)**:
a Thebis abire *aus der Gegend um Theben weggehen*

Bei großen Inseln (vgl. Akk. der Richtung), Ländern oder im Falle einer attributslosen Apposition beim Namen einer Stadt steht die Präposition **ex/a(b)**:

ex Creta proficisci *von Kreta abreisen*
ex urbe Roma abire *aus der Stadt Rom weggehen*

Wird die Apposition einer Stadt mit Attribut versehen, kann sie die Präposition **ex** erhalten und wird hinter die Stadt gestellt. Die Stadt selbst steht im Ablativ:
Roma, (ex) urbe clara *aus der berühmten Stadt Rom*

Auch bei der Angabe einer Entfernung steht die Präposition, z. B. **procul/longe/prope a Delo** *fern/weit entfernt von/nahe bei Delos*

domo und **rure** stehen mit **bloßem Ablativ**:

domo venire *von zu Hause kommen*
rure abire *vom Lande weggehen*

Aber: Tritt zu **domus** ein Attribut, verwendet man die Präposition **ex**:
e domo vetere *aus dem alten Haus*
Gibt das Attribut die besitzende Person an, wird nur **domo** benutzt:
domo patris *aus dem Haus des Vaters*

Anders als im Deutschen (*Wo?*) fragt man im Lateinischen bei den Verben des Anfangens/Hängens nach dem Ausgangspunkt mit der Frage *Woher?*:
incipere ab aliqua re *mit etwas beginnen*
ex arbore pendere *an einem Baum hängen*

Ablativ der Abstammung (Ablativus originis)

Bei **natus** und **ortus** gibt der Ablativ eine Abstammung oder den sozialen Stand an, z. B.:

nobili genere natus *aus vornehmer Familie stammend*

Ablativ als Objekt bei Ausdrücken der Trennung

Als bloßer Ablativ findet er sich bei den Ausdrücken des Beraubens/Entbehrens, so z. B.

privare/spoliare/exuere *berauben;* **carere** *entbehren, nicht haben;*
levare *erleichtern (um);* **egere** *bedürfen*

spe salutis spoliare *der Hoffnung auf Rettung berauben*
pecunia carere *kein Geld haben*

Meist mit Präposition **a(b)/de/ex** steht der Ablativ bei den Ausdrücken des Befreiens/Freiseins/Fernhaltens, so z. B.:

liberare *befreien;* **liber a(b)** *frei von;* **vacare** *frei sein von;* **vacuus ab** *frei von;* **arcere/prohibere (ab)** *abhalten;* **(ex)cedere (ex/de)** *scheiden;* **(ex)pellere (ex/de)** *vertreiben;* **(se) abstinere (ab)** *sich fernhalten*

liber (a) timore esse *frei von Angst sein*
prohibere (ab) urbe *von der Stadt fernhalten*
se abstinere (ab) iniuria *sich von Unrecht fernhalten*
excedere (de) vita *aus dem Leben scheiden*

a(b) mit Ablativ steht im Allgemeinen bei den mit **dis-/se-** zusammengesetzten Komposita, so z. B.:

differe (ab) *sich unterscheiden;* **separare (ab)** *trennen;* **distinguere/ discernere (ab)** *unterscheiden*

differre ab hominibus *sich von den Menschen unterscheiden*

Ablativ des Vergleichs (Ablativus comparationis)

Der Ablativ des Vergleichs bezeichnet bei einem Komparativ die Person/Sache, mit der verglichen wird. Er ist gleichbedeutend mit der Konstruktion mit **quam** *als* (+ Nom./Akk.). Wenn es sich bei dem verglichenen Wort um ein Relativpronomen handelt, muss der Ablativ des Vergleichs stehen:

Servemus amicitiam, qua nihil est melius!
Lasst uns die Freundschaft bewahren, im Vergleich zu der es nichts Besseres gibt.

Nihil est celerius fama. (= Nihil celerius est quam fama.)
Nichts ist schneller als ein Gerücht.

Einige Wendungen:
plus aequo *ungewöhnlich viel*
sole clarior *sonnenklar*
opinione celerius *unerwartet schnell*

Ablativ des Mittels (Ablativus instrumenti/instrumentalis)

Der Ablativ des Mittels gibt auf die Frage ***Womit?/Wodurch?*** an, mit welchem Mittel/Werkzeug etwas geschieht: **gladio pugnare** *mit dem Schwert kämpfen*

Eine Person steht nur dann im Ablativ des Mittels, wenn sie als bloßes Werkzeug angesehen wird. Ist sie Vermittler einer Handlung, wird eine Umschrei-

bung mit **opera** *durch jds. Bemühungen,* **auxilio** *durch jds. Hilfe* oder die Präposition **per** *durch* (+ Akk.) verwendet:

Caesar id per nuntios comperit. *Cäsar erfuhr dies durch Boten.*

Ist eine Person der Urheber einer Handlung im Passiv, so steht die Präposition **a(b)** (**Ablativus auctoris**) (bei Dingen als Ursache: bloßer Ablativ!):

Iuvenis a fratre / tempestate interfectus est.
Der junge Mann ist von seinem Bruder / von einem Unwetter getötet worden.

Einige Ablative des Mittels weichen in ihrer Verwendung von der deutschen Konstruktion/Denkweise ab, so u. a.:
alea ludere *Würfel spielen*
proelio vincere *eine Schlacht gewinnen*
nave vehi *zu Schiff fahren*
memoria tenere *im Gedächtnis behalten*
fuga salutem petere *sein Heil in der Flucht suchen*
pedibus ire *zu Fuß gehen*

Der Ablativ des Mittels steht v. a. bei Ausdrücken aus dem Bereich ausstatten und anfüllen sowie einigen Adjektiven/Partizipien, so u. a.:

instruere/ornare *ausstatten, ausrüsten (mit)*
implere/complere *anfüllen, erfüllen (mit)*
abundare/redundare *Überfluss haben, reich sein (an)*
afficere *versehen (mit)*
(in)dignus *(einer Sache) (un)würdig*
praeditus *versehen, begabt (mit)*
onustus/refertus *beladen (mit), voll (von), reich (an)*
contentus *zufrieden (mit)*
fretus/confisus *im Vertrauen (auf)*
assuetus *gewöhnt (an)*

Lamentatione forum compleverunt. *Sie füllten das Forum mit Wehklagen.*

Außerdem findet man ihn bei den folgenden **Deponentien:**

uti *nutzen;* **frui** *genießen;* **fungi** *verwalten;* **potiri** *sich bemächtigen;*
niti *sich stützen*

Occasione usus est. *Er nutzte die Gelegenheit.*

Bei der Konstruktion **opus est** *brauchen* gibt der Ablativ die Person/Sache an, die man braucht. Die Person, die etwas benötigt, steht im Dativ:

Vobisne (Dat.) **auxilio** (Abl.) **opus est?** *Braucht ihr Hilfe?*

Ablativ der Begleitung (Ablativus socii)

Der Ablativus socii steht meist mit der Präposition **cum** *mit*, die aber bei militärischen Ausdrücken wegfallen kann:

cum amicis ambulare *mit Freunden spazieren gehen*
[cum] omnibus copiis proficisci *mit allen Truppen aufbrechen*

Ablativ der Art und Weise (Ablativus modi)

Der Ablativus modi gibt auf die Fragen ***Wie?/Auf welche Weise?*** die begleitenden Umstände einer Handlung an (Art und Weise). Er hat oft die Präposition **cum** *mit* bei sich. Diese kann jedoch v. a. dann wegfallen, wenn das Substantiv von einem Attribut begleitet wird:

Cum virtute agit. *Er handelt tugendhaft.*
Magno (cum) periculo castris appropinquat.
Unter großer Gefahr nähert er sich dem Lager.
Puer multis cum lacrimis auxilium implorat.
Der Junge fleht unter vielen Tränen um Hilfe.

Immer ohne **cum** stehen u.a. folgende Wendungen:

ea/hac ratione *auf diese Weise*; **more Romanorum** *nach Art der Römer*; **ea lege/hac condicione** *mit der Bedingung*; **simili modo** *auf ähnliche Weise*; **aequo animo** *mit Gelassenheit*; **eo consilio** *in der Absicht*; **vi** *mit Gewalt/gewaltsam*; **iure** *mit Recht*; **iniuria** *zu Unrecht*; **voluntate** *willentlich*; **dolo** *listig*; **casu** *zufällig*; **silentio** *schweigend*; **specie** *scheinbar*; **ordine** *der Reihe nach*

Ablativ der Beschaffenheit (Ablativus qualitatis)

Ähnlich wie der Genitiv der Beschaffenheit drückt der Ablativ der Beschaffenheit die Eigenschaft einer Person/Sache aus. Meist ist zwischen beiden Kasus kein Unterschied zu erkennen (vgl. dort). Dabei kann er als Attribut bei einem Nomen oder als Prädikatsnomen bei einer Form von **esse** stehen. Das Substantiv im Ablativ hat stets ein Attribut (Adjektiv/Pronomen/Zahlwort) bei sich.

Verwendung als Attribut, z. B. bei:

filius puerili aetate *ein Sohn im Kindesalter*
puer multa industria *ein Junge von großem Fleiß (= ein sehr fleißiger Junge)*
vir summa audacia *ein Mann von größter Kühnheit (= ein sehr kühner Mann)*

Verwendung als Prädikatsnomen, z. B. bei:

eodem iure esse *gleiche Rechtsstellung haben*
bono animo esse *guten Mutes (= zuversichtlich) sein*
bona valitudine esse *bei guter Gesundheit sein*

Ablativ des Grundes (Ablativus causae)

Dieser Ablativ bezeichnet den Grund/die Ursache einer Handlung/eines Geschehens auf die Frage *Weshalb?*. Teilweise werden auch Präpositionen in der Bedeutung *wegen* wie bspw. **ex, de, prae** oder **propter** verwendet:

fame perire *verhungern*; **ex capite laborare** *an Kopfweh leiden*

Er steht insbesondere bei Ausdrücken der Trauer und der Freude, z. B.:

gaudere/laetari *sich freuen (über)*; **gloriari/se iactare** *sich rühmen (wegen)*; **dolere/maerere** *Schmerz empfinden, trauern (über)*; **laetus** *froh (über)*; **tristis/maestus** *traurig (über)*

Floribus gaudet. *Sie freut sich über die Blumen.*

Oft steht er mit einem PPP von Verben des Veranlassens, das man nicht übersetzen muss, z. B.:

amore (com)motus *aus Liebe*
ira incensus *aus Zorn*
spe impulsus *in der Hoffnung*
timore perterritus/metu coactus *aus Furcht*
aviditate inductus *aus Habgier*

Ira incensa magna voce clamat. *Aus Zorn schreit sie laut.*

Der Ablativ des Grundes steht häufig in **formelhaften Wendungen**, wie z. B.:

tuo iussu *auf deinen Befehl*
meo iudicio *meiner Meinung nach*
consuetudine sua *nach seiner Gewohnheit*
mea sponte *von mir aus, freiwillig*
qua re *weshalb; deshalb*

Nemo sua sponte se excusat. *Niemand entschuldigt sich freiwillig.*

Ablativ der Beziehung (Ablativus limitationis)

Der Ablativ der Beziehung grenzt einen Begriff ein, indem er den Bereich angibt, für den eine Handlung/ein Zustand gilt. Man fragt *In welcher Hinsicht?*. Er wird v. a. bei Verben des Beurteilens und Übertreffens verwendet. Beispiele:

vincere/superare fratrem dignitate = praestare fratri dignitate
den Bruder an Würde übertreffen
excellere virtute *an Tapferkeit hervorragen*
(ad)aequare sororem ingenio *der Schwester an Talent gleichkommen*
iudicare/metiri rem utilitate *eine Sache nach ihrem Nutzen bemessen*
cedere senatori divitiis *dem Senator an Reichtum nachstehen*

Nicht selten sind diese Ausdrücke verbunden mit einem Ablativ des Maßes: **ceteris eloquentia multo praestare** *die übrigen hinsichtlich der Redekunst bei weitem übertreffen*

Er findet sich aber ebenso neben anderen Verben bzw. Wortarten, z. B.:

stare promissis *zu seinem Versprechen stehen (= sein Versprechen halten)*
mente captus *gelähmt hinsichtlich des Verstandes (= verrückt)*
maior natu/minor natu *älter/jünger*

Ablativ des Maßes (Ablativus mensurae)

Der Ablativ des Maßes steht meist bei vergleichenden Ausdrücken und gibt auf die Frage *Um wie viel?* das Maß an, um das sich jemand oder etwas von anderen unterscheidet. Hierbei findet er sich stets ohne Präposition …

- bei Adjektiven/Adverbien, so z. B.:
  paulo ante/post *um weniges (= ein wenig) früher/später;* **nihilo minus** *um nichts weniger, nichtsdestoweniger;* **aliquanto peior** *bedeutend schlechter;* **dimidio maior** *um die Hälfte größer;* **quo celerior - eo melior** *je schneller – desto besser;* **quanto celerior - tanto melior** *je schneller – desto besser*

  Paucis diebus ante profectus eram. *Ich war wenige Tage früher aufgebrochen.*
  Multo fortior erat quam ceteri. *Er war viel tapferer als die übrigen.*

- bei Verben des Übertreffens/Abstandes, so z. B.:
  multo praestare/superare/antecellere *um vieles/weit übertreffen/überragen*
  longo spatio abesse/distare *ein langes Stück entfernt sein*

  Dei homines multo antecellunt.
  Die Götter übertreffen die Menschen um ein Vielfaches.
  Hostes duobus milibus passuum a castris nostris absunt.
  Die Feinde sind 2000 Schritte von unserem Lager entfernt.

Ablativ des Wertes (Ablativus pretii)

Dieser Ablativ enthält eine Wertbestimmung und steht (als bloßer Ablativ) vor allem bei den Verben der Kaufhandlung und des Wertens, insbesondere dann, wenn die Wertangabe durch ein Substantiv erfolgt:

parvo emere *billig kaufen*
magno vendere *teuer verkaufen*

Id vinum sestercio est. *Dieser Wein ist eine Sesterze wert.*

Ablativ des Ortes (Ablativus loci)

Auf die Frage *Wo?* hat der Ablativ auch die Funktion des Lokativs übernommen. Dabei handelt es sich um den ursprünglichen lateinischen Orts- und Zeitkasus, dessen Form auf **-i** noch in einigen Formen erhalten ist:

domi *zu Hause*
ruri *auf dem Land*
belli domique *im Krieg und im Frieden*
humi *auf dem Boden*

Aber: Tritt zu **domus** ein Attribut, verwendet man den Ablativ mit Präposition: **in domo vetere** *im alten Haus*
Gibt das Attribut die besitzende Person an, wird nur **domi** benutzt:
domi patris *im Haus des Vaters*
▸ vgl. Akk. der Richtung, S. 86

Auch bei Städten und kleineren Inseln, deren Namen im Singular stehen und die zur a-/o- Deklination gehören, ist die Lokativform erhalten. Sie endet auf **-i** (m.) bzw. **-ae** (f.), so z. B.: **Romae** *in Rom,* **Corinthi** *in Korinth*

Für alle anderen Städtenamen/Namen kleinerer Inseln wird der bloße Ablativ des Ortes verwendet, z. B.: **Carthagine** *in Karthago,* **Athenis** *in Athen*

Geht es nicht um die Stadt selbst, sondern nur um die Gegend, so steht die Präposition **ad** mit Akk.:
ad Brundisium *bei Brundisium*

Bei großen Inseln (vgl. Akkusativ der Richtung), Ländern oder im Falle einer attributslosen Apposition beim Namen einer Stadt steht die Präposition **in:**

in Sicilia morari *in Sizilien verweilen*
in urbe Roma habitare *in der Stadt Rom wohnen*

Wird die Apposition einer Stadt mit Attribut versehen, kann sie die Präposition **in** erhalten und wird hinter die Stadt gestellt. Die Stadt selbst steht im Lokativ bzw. Ablativ:
Romae, (in) urbe clara *in der berühmten Stadt Rom*

Zudem findet sich der Ablativ des Ortes bei …

- dem Wort **locus** *Ort, Platz, Stelle* in Verbindung mit einem Attribut, z. B.:
  suo loco *am rechten Platz*
  loco idoneo *an passender Stelle*
  loco liberorum *an Stelle der Kinder*
- **Ortsangaben** mit dem Adjektiv **totus** *ganz*, z. B.:
  toto orbe terrarum *auf der ganzen Welt*
  totis castris *im ganzen Lager*

Anders als im Deutschen (*Wohin?*) fragt man im Lateinischen bei den Verben des Setzens/Stellens/Legens/Rechnens mit *Wo?*:
in mensa ponere *auf den Tisch setzen/stellen/legen*
spem in fortitudine ponere *seine Hoffnung auf die Tapferkeit setzen*
villam in bonis ducere/numerare *das Landhaus zu den Gütern rechnen*

Ablativ der Zeit (Ablativus temporis)

Der bloße Ablativ der Zeit steht bei Substantiven, die einen Zeitbegriff enthalten, auf die Frage ***Wann?/In welcher Zeit?***:

prima luce *bei Tagesanbruch*
nocte/noctu* *nachts*
ortu solis *bei Sonnenaufgang*
aestate *im Sommer*
hora sexta *zur sechsten Stunde*
suo tempore *zur rechten Zeit*
memoria patrum *zur Zeit der Vorfahren*
hieme *im Winter*
vespere/vesperi* *abends*
occasu solis *bei Sonnenuntergang*
anno decimo *im zehnten Jahr*
postero die *am folgenden Tag*
initio/principio *anfangs, am Anfang*

* bei diesen Alternativformen handelt es sich um den alten Lokativ.

Neben Begriffen, bei denen es sich nicht wirklich um Zeitbegriffe handelt, die aber als solche verwendet werden, steht die Präposition **in**, wenn kein Attribut dabei ist: also z. B. **in senectute** *im Alter;* aber **summa senectute** *im hohen Alter*

Der bloße Ablativ der Zeit kann außerdem eine Zeitspanne angeben:

paucis diebus *innerhalb weniger Tage*
triginta annis *innerhalb von 30 Jahren*
biduo *innerhalb von zwei Tagen*

Steht die Präposition **a(b)**, so wird ein ablaufender Zeitraum bezeichnet:

a(b) urbe condita *seit Gründung der Stadt (Rom)*
a pueritia *von Kindheit an*

10 Satzergänzungen durch infinite Verbformen

Im Lateinischen finden sich häufig Satzergänzungen durch infinite Verbformen. Zu diesen zählen Infinitivkonstruktionen, nd-Formen, Partizipialkonstruktionen und Supina. Diese Konstruktionen müssen im Deutschen meist mit einem Nebensatz wiedergegeben werden, weshalb man sie auch „satzwertige Konstruktionen" nennt.

Infinitivkonstruktionen

Einfacher Infinitiv als Subjekts-/Objektsinfinitiv

Ein Infinitiv kann wie im Deutschen als Subjekts- und als Objektsinfinitiv gebraucht werden.

Er steht als Subjektsinfinitiv bei unpersönlichen Ausdrücken:

Errare humanum est. *Irren ist menschlich.*
Oportet laborare. *Es ist nötig zu arbeiten. / Man muss arbeiten.*

Ein zum Subjektsinfinitiv gehöriges Prädikatsnomen steht dabei in der Regel im Akkusativ:
Parvum esse prodest. *Es ist vorteilhaft, klein zu sein.*

Der Infinitiv steht als Objektsinfinitiv bei vielen Verben, die eine derartige Ergänzung benötigen (so z. B. **debere** *müssen*, **posse** *können*, **discere** *lernen*, **velle** *wollen*, **conari** *versuchen* ...):

Scribere discit. *Er lernt schreiben.*

Ein zum Objektsinfinitiv gehöriges Prädikatsnomen steht dabei in der Regel im Nominativ:
Omnes iucundi esse volunt. *Alle wollen beliebt sein.*

Nicht selten finden sich diese Verben in einer Übersetzung als Adverbien wieder:
Dicere solebat. *Er pflegte zu sagen. / Er sagte gewöhnlich.*
Desierunt ludere. *Sie spielten nicht mehr.*

AcI (Accusativus cum Infinitivo)

Wie der Name schon sagt, besteht der AcI aus der Verbindung eines Akkusativs mit einem Infinitiv:

Mater audit filiam clamare.
Die Mutter hört ihre Tochter schreien (= hört, dass ihre Tochter schreit).

Während solche Verbindungen im Deutschen nur nach Verben der Sinneswahrnehmung (*sehen, hören, fühlen* ...) stehen können, findet sich diese Konstruktion im Lateinischen auch nach vielen anderen Verben, die im Deutschen keine Infinitivkonstruktion zulassen (s. u.). Deshalb wird meist mit einem dass-Satz übersetzt. Dabei wird der Akkusativ zum Subjekt des dass-Satzes und der Infi-

nitiv zu dessen Prädikat. Alle Wörter, die mit dem Subjektsakkusativ zusammenhängen, stehen ebenfalls im Akkusativ:

Spero te mox rediturам esse. *Ich hoffe, dass du (= eine weibliche Person) bald zurückkommst / zurückkommen wirst.*

Der AcI gilt nicht als Nebensatz, sondern als Satzteil (daher auch kein Komma!), weshalb bei Bezug auf das Subjekt die Reflexivpronomen bzw. **suus** verwendet werden:
Discipulus illius magistri contendit se omnia scire.
Der Schüler jenes Lehrers behauptet, dass er (= der Schüler) alles weiß.
Bezieht es sich auf eine andere Person, die nicht Subjekt des übergeordneten Prädikats ist, steht **eum/eam** (Sg.) bzw. **eos/eas** (Pl.):
Discipulus illius magistri contendit eum omnia scire.
Der Schüler jenes Lehrers behauptet, dass er (= der Lehrer) alles weiß.

Natürlich können auch andere Akkusative in den AcI integriert sein, die dann entsprechend ihrer Funktion übersetzt werden müssen:
Video hostes castras petere.
Ich sehe, dass die Feinde das Lager angreifen.

Auch wenn das Subjekt des übergeordneten Prädikats und des Infinitivs im AcI übereinstimmt, wird es als Personalpronomen im Subjektsakkusativ Teil des AcI:
Scio me nihil scire. *Ich weiß, dass ich nichts weiß.*

Gerade bei mit **esse** zusammengesetzten Verbformen im Infinitiv wird **esse** oft fallengelassen:
Se abiturum (esse) dicit. *Er sagt, dass er weggehen werde/wird.*

Der AcI wird ausgelöst durch …

- **Verba sentiendi** (Verben der Wahrnehmung), z. B.:
  scire *wissen,* **ignorare/nescire** *nicht wissen,* **videre** *sehen,* **audire** *hören,* **sentire** *fühlen,* **oblivisci** *vergessen,* **animadvertere** *bemerken,* **putare/existimare/censere/credere/arbitrari/opinari** *glauben/meinen,* **intellegere** *verstehen,* **cognoscere** *erkennen …*
- **Verba dicendi** (Verben des Sagens), z. B.:
  dicere *sagen,* **persuadere** *überzeugen,* **contendere** *behaupten,* **profiteri** *gestehen,* **nuntiare** *melden,* **negare** *sagen, dass nicht,* **confirmare** *bekräftigen,* **promittere/polliceri** *versprechen,* **sperare** *hoffen,* **iurare** *schwören,* **minari** *drohen …*

Die Verben des Hoffens, Versprechens, Drohens und Schwörens stehen meist mit Infinitiv Futur bzw. futurischen Ausdrücken wie **posse** *können* oder **velle** *wollen*. Im Deutschen steht meist Präsens:
Speramus te venturum esse. *Wir hoffen, dass du kommst.*

- **Verba affectus** (Verben der Gefühlsäußerung), z. B.:
gaudere/delectari/laetari *sich freuen,* **(ad)mirari** *sich wundern/bewundern,* **indignari** *sich empören,* **dolere** *Schmerz empfinden/bedauern,* **queri** *sich beklagen,* **aegre ferre** *sich ärgern …*
- Verben des Veranlassens, Verbietens und Wollens/Wünschens, z. B.:
vetare *verbieten,* **iubere/edicere** *befehlen,* **sinere** *(zu-)lassen,* **pati** *dulden,* **velle** *wollen,* **cupere** *wünschen,* **studere** *sich bemühen …*

! Wird die Person, der etwas befohlen/verboten wird, nicht genannt, dann findet sich im AcI der Infinitiv Passiv. Vergleichen Sie:
Imperator milites urbem petere iussit. (Person genannt ▸ Aktiv)
Der Feldherr befahl den Soldaten, die Stadt anzugreifen.
Imperator urbem peti iussit. (Person nicht genannt ▸ Passiv)
Der Feldherr befahl, die Stadt anzugreifen.

! Bei **velle** (auch: **nolle** *nicht wollen,* **malle** *lieber wollen*), **cupere** und **studere** steht bei gleichem Subjekt der reine Infinitiv, bei Subjektswechsel der AcI:
Omnes beati esse volumus. *Wir wollen alle glücklich sein.*
Amicos beatos esse volumus. *Wir wollen, dass unsere Freunde glücklich sind.*

- einige unpersönliche Ausdrücke, z. B.:
constat *es steht fest/ist bekannt,* **manifestum est** *es liegt auf der Hand,* **fama est** *es geht das Gerücht,* **apertum est** *es ist offensichtlich,* **apparet** *es zeigt sich,* **opinio est** *es herrscht die Meinung …*

Bei der Übersetzung des **AcI** muss man vor allem auf den Infinitiv achten. Er gibt das Genus des Verbs (aktiv/passiv) und das Zeitverhältnis zur übergeordneten Prädikatshandlung an:

Infinitiv Präsens → Gleichzeitigkeit
Infinitiv Perfekt → Vorzeitigkeit
Infinitiv Futur → Nachzeitigkeit

Constat imperatorem Romanum …		*Es steht fest, dass der römische Feldherr …*
… vincere.	Inf. Präsens Aktiv	*… siegt.*
… vinci.	Inf. Präsens Passiv	*… besiegt wird.*
… vicisse.	Inf. Perfekt Aktiv	*… gesiegt hat.*
… victum* esse.	Inf. Perfekt Passiv	*… besiegt worden ist.*
… victurum* esse.	Inf. Futur Aktiv	*… siegen wird.*
… victum iri.**	Inf. Futur Passiv	*… besiegt werden wird.*

*Das Partizip steht in KNG-Kongruenz zum Subjektsakkusativ (**imperatorem**).
** Supin I + **iri** (die Supin-Form auf **-um** ist im Gegensatz zu den Partizipien unveränderlich!)

Oft gibt es verschiedene Übersetzungsmöglichkeiten für einen AcI, so z. B.:

Puto me amicum bonum esse.

Ich glaube, dass ich ein guter Freund bin.	dass-Satz
Ich glaube, ich bin ein guter Freund.	Nebensatz ohne dass
Ich glaube, ein guter Freund zu sein.	Infinitiv (Subjekt muss übereinstimmen!)
Ich bin, wie ich glaube, ein guter Freund.	Einschub
Meiner Meinung nach bin ich ein guter Freund.	Präpositionalausdruck

NcI (Nominativus cum Infinitivo)

Bestimmte Verben, die in ihrer aktiven Form einen AcI einleiten, ziehen in ihrer passiven Form einen sog. NcI (Nominativus cum Infinitivo) nach sich. Hierbei wird der Subjektsakkusativ des AcI zum Nominativ, der Infinitiv wird nicht verändert. Das einleitende Verb im Passiv wird dabei immer persönlich konstruiert. Dies ist vor allem bei Verben problematisch, die im Deutschen kein persönliches Passiv bilden können, da sie beispielsweise. mit Dativ stehen (vgl. *jdm. etwas verbieten/befehlen* ...). Hier muss deshalb oft freier übersetzt werden.

Die häufigsten Verben, die einen NcI einleiten, sind:

existimor/putor/credor *man glaubt, dass ich*
dicor *ich soll (angeblich) / man sagt, dass ich*
audior *man hört, dass ich*
videor *ich scheine / es scheint, dass ich / scheinbar*
cogor *man zwingt mich / ich werde gezwungen/ich muss*
iubeor *es wird befohlen, dass ich / man befiehlt mir / ich muss / ich soll*
vetor *man verbietet mir / ich darf nicht*

Roma a Romulo condita esse videtur.
Rom scheint von Romulus gegründet worden sein.
Milites pontem facere iussi sunt.
Man befahl den Soldaten die Brücke zu bauen.

Während die genannten Formen in allen Personen verwendet werden können, werden die folgenden nur in der 3. Person gebraucht:

traditur/traduntur *man berichtet/überliefert, dass er/sie/es - er/sie/es soll(en)*
fertur/feruntur *man berichtet, dass er/sie/es - er/sie/es soll(en)*

Romulus Romam condidisse traditur. *Romulus soll Rom gegründet haben.*

Oft ist auch eine Übersetzung mit *sollen* oder Adverbien oder Einschüben/Nachträgen sinnvoll:

Dominus irasci dicitur.
Man sagt, dass der Hausherr zornig ist.
Der Hausherr soll zornig sein.
Angeblich ist der Hausherr zornig.
Der Hausherr ist zornig, wie man sagt.

nd-Formen

Gerund(ium) (aktives Verbalsubstantiv)

Das Gerund ist im Lateinischen der substantivierte (deklinierte) Infinitiv. Er existiert deshalb nur im Singular und wird nach der o-Deklination gebeugt:

Gen.	**scribendi**	*des Schreibens*
Dat. (selten)	**scribendo**	*dem Schreiben*
Akk.	**ad scribendum**	*zum Schreiben; um zu schreiben*
Abl.	**scribendo** **in scribendo**	*durch das Schreiben* *beim Schreiben*

Bei einer Erweiterung des Gerunds durch ein Objekt oder ein Adverb kann für die Übersetzung ein Nebensatz oder ein Präpositionalausdruck verwendet werden. Meist jedoch wird mit *zu* + Infinitiv übersetzt:

Iniurias ferendo laudem merebis.
Wenn du Unrecht erträgst, / Durch das Ertragen von Unrecht wirst du dir Lob verdienen.

Wichtig dabei: Der Kasus des Objekts im lateinischen Satz richtet sich nach dem Verb, das dem Gerund zugrunde liegt (beim folgenden Beispiel also **ferre** + Akkusativobjekt *etwas ertragen*).

voluntas iniurias ferendi *der Wille, Unrecht zu ertragen*

Oft wird das Gerund mit den Prä-/Postpositionen **ad** bzw. **causa** final verwendet: **ad scribendum/scribendi causa** *um zu schreiben*

Gerundiv(um) (passives Verbaladjektiv)

Das Gerundiv drückt die Notwendigkeit einer Handlung aus und wird dekliniert wie ein Adjektiv der o-/a-Deklination:

liber legendus {
ein zu lesendes Buch
ein lesenswertes Buch
ein Buch, das gelesen werden muss

Es erscheint in attributiver oder in prädikativer Funktion.

Attributives Gerundiv

Wenn die nd-Form und ihr Objekt in KNG-Kongruenz zueinander treten, spricht man vom Gerundiv. Dieses steht also im Lateinischen nicht allein, sondern als Attribut bei seinem Bezugswort und gleicht sich somit an dieses an:

occasio epistulae scribendae *die Gelegenheit, einen Brief zu schrieben*

Wie schon das Gerund wird auch die attributive Gerundivkonstruktion meist mit *zu* + Infinitiv übersetzt. Doch auch hier ist oft eine Übersetzung mit Nebensatz oder mit einem Präpositionalausdruck möglich. Bei Letzterem wird das Gerundiv im Deutschen zu einem Substantiv, von dem das lateinische Bezugswort als deutsches Genitivattribut abhängt:

libro → *des Buches*
legendo → *durch die Lektüre*

Aufgrund der parallelen Verwendungsweise von Gerund und attributivem Gerundiv kann bei transitiven Verben eine Wendung oft auf zwei verschiedene Arten ausgedrückt werden. Die Übersetzung im Deutschen bleibt dieselbe. Beispiel: *die Kunst einen Brief zu schreiben*

- mit einem Gerund + Objekt: **ars epistulam scribendi**
- mit einem attributiven Gerundiv: **ars epistulae scribendae**

Aber Achtung! Nicht immer sind beide Konstruktionen austauschbar: Sind nd-Form + Objekt von einer Präposition abhängig, muss eine Gerundivkonstruktion verwendet werden:
in persequendis hostibus *beim Verfolgen der Feinde*

Ein Gerund muss stehen, wenn das Objekt das Neutrum eines Adjektivs oder Pronomens ist:
ars vera ac falsa diiudicandi
die Kunst, Wahres und Falsches zu unterscheiden
cupiditas id audiendi *das Verlangen, dies zu hören*

In einigen seltenen Wendungen wird das Gerundiv auch attributiv mit einem Adjektiv auf *-lich/-wert* o. Ä. übersetzt:

vir amandus *ein liebenswerter Mann* **vir horrendus** *ein fürchterlicher Mann*

Die intransitiven Deponentien **uti** *gebrauchen*, **frui** *genießen*, **fungi** *vollenden* und **potiri** *sich bemächtigen*, deren Objekte im Ablativ stehen, werden im Gerundiv wie transitive Verben verwendet, können also mit einem Objekt kombiniert werden:
in otio fruendo *beim Genießen der Ruhe*

Prädikatives Gerundiv

In Verbindung mit **esse** bildet das Gerundiv das Prädikat eines Satzes und drückt aus, dass etwas zu geschehen hat bzw. geschehen muss/soll:

Quod erat demonstrandum.
Was zu beweisen war. (= Was bewiesen werden musste.)
Magister laudandus est.
Der Lehrer ist zu loben. (= Der Lehrer muss gelobt werden.)

Häufig wird das Gerundiv unpersönlich gebraucht:

Discendum est! *Es ist zu lernen! (= Man muss lernen!)*
Nobis properandum est. *Uns ist zu eilen. (= Wir müssen uns beeilen.)*

Die Person, die etwas tun muss, steht im sog. **Dativus auctoris**. Oft ist dabei im Deutschen eine aktive Ausdrucksweise schöner:

Haec omnia mihi facienda sunt.
All das muss von mir getan werden. (= All das muss ich tun.)

Ist das Gerundiv mit **esse** verneint, wird mit *nicht dürfen / nicht können* übersetzt:

Hic dormiendum non est. *Hier darf man nicht schlafen.*

Ein prädikatives Gerundiv kann auch im AcI stehen:
Scio opus mihi neglegendum non esse.
Ich weiß, dass die Arbeit nicht von mir vernachlässigt werden darf.
(= Ich weiß, dass ich die Arbeit nicht vernachlässigen darf.)

Das Gerundiv kann auch als Prädikativum bei Verben des Gebens/Überlassens/Schickens (**tradere** *übergeben*, **mittere** *schicken*, **dare** *geben*, **curare** *[veran]lassen* …) stehen: Mit diesen Verben drückt es einen Zweck aus, wird also final gebraucht. Übersetzt wird mit *zu/zum/zur* oder *damit*:

Amicae librum legendum dat.
Sie gibt ihrer Freundin das Buch zum Lesen / damit sie es liest.
Senator domum sibi faciendam curavit. *Der Senator ließ sich ein Haus bauen.*

Zusammenfassung der nd-Formen

	Gerund	attributives Gerundiv	prädikatives Gerundiv
Wortart	Substantiv	Adjektiv	
Deklination	o-Deklination (nur Sg.)	a-/o-Deklination (Sg. + Pl.)	
Übersetzung	Infinitiv mit *zu* / Präpositionalausdruck / Nebensatz		*müssen / nicht dürfen/können* bzw. *zu, zum, zur* / Finalsatz mit *damit*

Bei der Übersetzung der nd-Formen hilft folgender Merkspruch:

Es geht am **End**e fast immerzu mit **zu**, beim Ablativ kommt man mit **durch** durch, steht „in" dabei, nimm **bei**:

ars rem publicam gerendi (Gerund) / **ars rei publicae gerendae** (attr. Gerundiv)
die Kunst, den Staat zu verwalten
Res publica gerenda est (Gerundiv + **esse**).
Der Staat ist zu verwalten / muss verwaltet werden.
rem publicam gerendo (Gerund) / **re publica gerenda** (attr. Gerundiv)
durch das Verwalten des Staates
in re publica gerenda (attr. Gerundiv)
beim Verwalten des Staates

Partizipialkonstruktionen

Ein Partizip wird vom Stamm eines Verbs gebildet und wie ein Nomen in Kasus, Numerus und Genus dekliniert (▸ s. Kap. 7, S. 64 f.). Wie ein Verb kann es ein Objekt oder ein Adverbial bei sich haben. Es ist also am Nomen und am Verb „beteiligt" (**particeps**).

Wie die Infinitive kennzeichnen die Partizipien keine bestimmte Zeit, sondern das Zeitverhältnis zum übergeordneten finiten Verb. Das Lateinische kennt drei Partizipien mit ihren zugehörigen Zeitverhältnissen. Zusätzlich ist hier auf das Genus Verbi (Aktiv/Passiv) der Partizipien zu achten. Es existieren ein passives und zwei aktive Partizipien.

Partizip Perfekt Passiv (PPP) (Vorzeitigkeit)

Das PPP drückt aus, dass ein Ereignis vor der übergeordneten Handlung stattgefunden hat. Es wird eine Zeitstufe vor dem Hauptverb übersetzt. Beispiel:

accusatus, -a, -um *angeklagt/einer, der angeklagt worden ist*

Die übergeordnete Handlung steht im Präsens
→ Übersetzung des PPP mit Imperfekt/Perfekt:

Marcus accusatus non desperat.
Obwohl Markus angeklagt wurde/worden ist, verzweifelt er nicht.

Die übergeordnete Handlung steht in einem Vergangenheitstempus
→ Übersetzung des PPP mit Plusquamperfekt:

Marcus accusatus non desperabat.
Obwohl Markus angeklagt worden war, verzweifelte er nicht.

Partizip Präsens Aktiv (PPA) (Gleichzeitigkeit)

Das PPA drückt aus, dass ein Ereignis zur gleichen Zeit wie die übergeordnete Handlung stattfindet. Beispiel:

intrans, -ntis *eintretend/einer, der eintritt*

Die übergeordnete Handlung steht im Präsens
→ Übersetzung des PPA mit Präsens:

Marcus intrans amicos salutat. *Als Markus eintritt, grüßt er seine Freunde.*

Die übergeordnete Handlung steht in einem Vergangenheitstempus
→ Übersetzung des PPA mit Imperfekt/Perfekt:

Marcus intrans amicos salutavit. *Als Markus eintrat, grüßte er seine Freunde.*

Partizip Futur Aktiv (PFA) (Nachzeitigkeit)

Das PFA drückt aus, dass ein Ereignis nach der übergeordneten Handlung stattfinden wird. (Oft wird die Absicht der handelnden Person ausgedrückt.) Beispiel:

laturus, -a, -um *einer, der bringen wird/will*

Die übergeordnete Handlung steht im Präsens
→ Übersetzung des PFA mit Futur/futurischem Sinn:

Marcus patri auxilium laturus mittitur.
Markus wird geschickt, um dem Vater zu helfen (wörtl.: *Hilfe zu bringen).*
Morituri te salutant.
Die Todgeweihten (= Die, die sterben werden,) grüßen dich.

Nicht existierende Partizipien (z. B. ein Partizip Präsens Passiv, PPA von **esse** usw.) werden meist durch Nebensätze, v. a. Relativsätze, ersetzt:
Adimus urbem, quae a Graecis incolitur.
Wir kommen zu einer von Griechen bewohnten Stadt.
omnes, qui adsunt *alle Anwesenden*

Auch Deponentien bilden alle Partizipien, werden jedoch grundsätzlich aktiv übersetzt:
magister loquens *der Lehrer, der redet/redete;* **magister locutus** *der Lehrer, der geredet hat/hatte;* **magister locuturus** *der Lehrer, der reden will/wollte*

Bei manchen Deponentien bezeichnet das Partizip Perfekt eine Gleichzeitigkeit:
ratus/arbitratus *in der Meinung / im Glauben;* **confisus** *im Vertrauen auf;* **veritus, ne** *aus Furcht, dass;* **usus** *mit Hilfe / unter Benutzung*

Verwendung der Partizipien

- substantivisch: Ein Partizip kann wie ein Substantiv gebraucht werden und die Funktion eines Subjekts bzw. Objekts übernehmen.
  Parce victis! *Verschone die Besiegten!*
- prädikativ: In Verbindung mit **esse** wird zum Beispiel das Perfektsystem Passiv (**vocatus est** *er ist gerufen worden* = PPP + jeweilige Form von **esse**) oder die **coniugatio periphrastica activa** (**laudaturus sum** *ich werde/will loben* = PFA + jeweilige Form von **esse**) gebildet.
  Zusammen mit **Verba sentiendi** drückt ein Akkusativ mit Partizip (AcP) zudem eine unmittelbare Wahrnehmung aus.
  Audio te cantantem. *Ich höre, wie du (gerade) singst.*
  Ein Partizip findet sich auch bei den Verben **facere/inducere** in der Bedeutung *lassen, darstellen*:
  Auctor in libro eum amicos necantem facit.
  Der Autor lässt ihn in seinem Buch seine Freunde töten.
- attributiv: Als Attribut bestimmt ein Partizip sein Bezugswort genauer, ohne in festem Bezug zum Prädikat zu stehen.
  mater amata *die geliebte Mutter*
- adverbial: Hier gibt das Partizip die Umstände an, in denen sich das Bezugswort im Verhältnis zur übergeordneten Handlung befindet.
  Quintus viam ignorans per silvas errat.
  Weil Quintus den Weg nicht kennt, irrt er durch die Wälder. (hier kausal)

Übersetzung der Partizipien

Je nach Verwendung wird das Partizip im Deutschen unterschiedlich wiedergegeben. Hierbei sind vor allem der attributive und der adverbiale Gebrauch genauer zu betrachten, da sie sehr häufig vorkommen:

- Wird ein Partizip attributiv gebraucht, übersetzt man entweder wörtlich (= mit deutschem Partizip) oder mit einem Relativsatz:
  Puella a Quinto salutata ad forum pergit.
  Das von Quintus gegrüßte Mädchen läuft weiter zum Forum. /
  Das Mädchen, das von Quintus gegrüßt worden ist, läuft weiter zum Forum.
- Wird ein Partizip adverbial gebraucht, handelt es sich entweder um ein Participium coniunctum (P.C.) oder um einen Ablativus absolutus (Abl. abs.).

Participium coniunctum (P.C.)

Das Participium coniunctum (wörtl.: „verbundenes Partizip") wird benutzt, wenn es mit einem wesentlichen Satzglied (meistens Subjekt oder Objekt) verbunden ist. Es steht im selben Kasus, Numerus und Genus wie sein Bezugswort. Innerhalb dieses P.C. können sich Objekte oder andere Satzglieder befinden, die vom Partizip abhängen. Sie werden meist vom Bezugswort und seinem Partizip „eingeklammert" und dürfen auch in der deutschen Übersetzung nicht aus dieser „Klammer" entfernt werden, da sich der Sinn sonst verändern kann:

Feminae a barbaris raptae liberatae sunt.
Nachdem die Frauen von den Barbaren geraubt worden waren, sind sie befreit worden. (NICHT**:** *Nachdem die Frauen geraubt worden waren, sind sie von den Barbaren befreit worden.)*

Dieses Partizip kann unterschiedliche adverbiale Sinnrichtungen (z. B. temporal, kausal, konzessiv, modal ...) beinhalten, die bei der Übersetzung wieder zutage treten können / sollen:

	temporal	kausal	konzessiv	modal	konditional
Unterordnung	*als; während* (PPA); *nachdem* (PPP)	*weil; da*	*obwohl; wenn auch*	*indem; dadurch, dass; wobei*	*wenn; falls*
Beiordnung	*und dabei* (PPA); *und danach* (PPP)	*und deshalb; und daher*	*und dennoch; aber trotzdem*	*und dadurch; und so*	*in diesem Fall*
Präpositionalausdruck	*während* (PPA); *bei* (PPA); *nach* PPP)	*wegen; aufgrund*	*trotz*	*durch*	*im Falle von*

Sehr oft sind die attributive und die adverbiale Verwendung eines Partizips kaum voneinander zu unterscheiden, weshalb sich insgesamt also folgende Übersetzungsmöglichkeiten ergeben. Beispiel:

Puer a me monitus paret.

- **wörtlich:** *Der von mir ermahnte Junge gehorcht.*
- **mit Relativsatz:** *Der Junge, der von mir ermahnt worden ist, gehorcht.*
- **adverbiale Unterordnung:** *Nachdem / Weil der Junge von mir ermahnt worden ist, gehorcht er. (temporaler/kausaler Nebensinn)*
- **Beiordnung:** *Der Junge ist von mir ermahnt worden und gehorcht daraufhin/ deswegen. (temporaler / kausaler Nebensinn)*
- **Präpositionalausdruck:** *Nach / Wegen meiner Ermahnung gehorcht der Junge. (temporaler / kausaler Nebensinn)*

Teilweise ist auch Wiedergabe im Aktiv möglich. Vgl. z. B.
Der Junge, der von mir ermahnt worden ist, gehorcht. =
Der Junge, den ich ermahnt habe, gehorcht.

Nicht jedes Partizip ist mit jedem Nebensinn sinnvoll übersetzbar. Auch eine wörtliche Übersetzung ist im Deutschen oft holprig und ggf. zu vermeiden. Ausschlaggebend ist hier immer der Kontext!

Gerade bei komplexeren Sätzen hilft es, sich für die Auflösung eines P. C. Klammern zu setzen, die visualisieren, welcher Satzteil in den deutschen Nebensatz / Präpositionalausdruck gehört. Die Klammer beginnt hinter dem Bezugswort und endet hinter dem Partizip. Sie wird am besten zuletzt übersetzt und gemäß dem Sinnzusammenhang in den restlichen Satz eingebaut:
Dominae [librum legenti] nuntiatum est maritum redisse.
Der Herrin ist, während sie ein Buch las, gemeldet worden, dass ihr Ehemann zurückgekehrt war.

Die adverbiale Verwendung des Partizip Futur Aktiv ist im klassischen Latein recht selten. Man übersetzt dann in der Regel mit einem finalen *um ... zu*:

Quintus amicam visurus in hortum it.
Quintus geht in den Garten, um seine Freundin zu sehen.

Wenn das Partizip sich auf das im Verb beinhaltete Subjekt bezieht, kann ein explizites Bezugswort im Satz fehlen:
Te conspiciens maximo gaudio afficior.
Weil ich dich sehe, freue ich mich riesig.

Ablativus absolutus (Abl. abs.)

Der Ablativus absolutus (wörtl.: „losgelöster Ablativ") besteht aus einem Nomen im Ablativ mit zugehörigem Partizip (PPA/PPP) (häufig am Satzanfang) und kann in der Regel nicht wie ein „normaler" Ablativ auf die Fragen *Womit?/ Wodurch?/Woher?/Weswegen?/Wann?* usw. übersetzt werden. Anders als beim P.C. hat das Bezugswort beim Abl. abs. jedoch keine Satzgliedfunktion, ist also komplett vom Satz „gelöst". Dieser ist somit auch ohne den Abl. abs. vollständig.

Der Abl. abs. kann dieselben adverbialen Sinnrichtungen widerspiegeln wie das P.C. (▸ vgl. Tabelle, S. 103). Er wird mitsamt der darin „eingeklammerten" Elemente ebenso als Beiordnung, als Präpositionalausdruck oder als adverbiale Unterordnung wiedergegeben. Dabei wird das Nomen im Ablativ zum Subjekt und das Partizip zum Prädikat des Adverbialsatzes.
In Bezug auf das Zeitverhältnis gelten die gleichen Eigenschaften der Partizipien wie für das P.C.:

PPA = gleichzeitig (zum übergeordneten Verb) + Aktiv
PPP = vorzeitig (zum übergeordneten Verb) + Passiv

- Beispiel 1 mit adverbialer Unterordnung:

	Incolis	**resistentibus**	**Troia deleta est.**
	Ablativ	Partizip (hier: PPA)	
	↓	↓	
Konjunktion	Subjekt	Prädikat	
Obwohl	*die Bewohner*	*Widerstand leisteten,*	*ist Troja zerstört worden.*

Beiordnung:
Die Bewohner leisteten Widerstand und dennoch ist Troja zerstört worden.
Partizipialausdruck:
Trotz des Widerstands der Bewohner ist Troja zerstört worden.

- Beispiel 2 mit adverbialer Unterordnung:

	Troia	deleta	Graeci abierunt.
	Ablativ	Partizip (hier: PPP)	
	↓	↓	
Konjunktion	Subjekt	Prädikat	
Nachdem	*Troja*	*zerstört worden war,*	*sind die Griechen abgezogen.*

Beiordnung:
Troja ist zerstört worden und dann sind die Griechen abgezogen.
Partizipialausdruck:
Nach der Zerstörung Trojas sind die Griechen abgezogen.

Ähnlich wie beim P.C. ist es sinnvoll, den Abl. abs. zunächst mit einer Klammer vom Rest des Satzes abzugrenzen. Anders als beim P.C. beginnt diese hier jedoch vor dem Bezugswort im Ablativ und endet hinter dem Partizip. Sie wird wiederum zuletzt übersetzt und gemäß dem Sinnzusammenhang in den restlichen Satz eingebaut:
[Troia a Graecis deleta] Aeneas patriam novam quaerere debuit.
Weil Troja von den Griechen zerstört worden war, musste Aeneas eine neue Heimat suchen.

Nominaler Ablativus absolutus

Statt eines Partizips können im Abl. abs. in einzelnen Fällen (v. a. bei Titeln) auch bestimmte Nomen (Substantive, Adjektive, Pronomen) stehen (ein nicht existierendes PPA von **esse** *„seiend"* ist gedanklich zu ergänzen):

- **Caesare duce** *unter Cäsars Führung*
- **te auctore** *auf deine Veranlassung*
- **patre ignaro** *ohne Wissen des Vaters*
- **me invito** *gegen meinen Willen*
- **Augusto imperatore** *unter Kaiser Augustus*
- **Hannibale vivo** *zu Lebzeiten Hannibals*
- **Romulo rege** *unter der Regierung des Romulus*
- **Cicerone consule** *unter dem Konsulat Ciceros*

Supina

Supin I

Das Supin auf **-um** sieht aus wie ein PPP im Nom. Sg. n., ist im Gegensatz zu diesem jedoch nicht deklinierbar. Es steht bei Verben des Gehens und Schickens und gibt das Ziel bzw. den Zweck an. Übersetzt wird es deshalb meist mit *zu/zum/zur* oder *um … zu*, z. B.:

rogatum venire *kommen, um zu bitten*
salutatum mittere *zur Begrüßung schicken*
dormitum ire *schlafen gehen*

Legatos veniunt rogatum auxilium. *Gesandte kommen, um Hilfe zu erbitten.*

Das Supin I bildet zusammen mit **iri** den fehlenden Inf. Futur Passiv (▸ s. Infinitivkonstruktionen, Kap. 7, S. 63):
Spero amicam servatum iri.
Ich hoffe, dass die Freundin gerettet wird.

Supin II

Das Supin auf **-u** steht nach Adjektiven (meist auf **-ilis/-bilis**) und festen Wendungen, die eine Bewertung ausdrücken. Übersetzt wird mit *zu*, z. B.:

facile/difficile factu *leicht/schwer zu tun*
incredibile dictu *unglaublich zu sagen*
horribile auditu *schrecklich zu hören*

Hoc facile est intellectu. *Das ist leicht zu verstehen.*

Satzarten

Im Lateinischen unterscheidet man zwischen ...

- **einfachen Sätzen:** Aussagesätze, Aufforderungssätze, Ausrufesätze, Fragesätze
- **Satzreihen:** unverbundene Satzreihen, verbundene Satzreihen
- **Satzgefügen:** indirekte Fragesätze, Konjunktionalsätze, Relativsätze, Nebensätze ohne Einleitung

Einfache Sätze

Aussagesätze

Aussagesätze stehen im Normalfall im Indikativ. Im Konjunktiv stehen sie nur im Falle eines Potentialis oder Irrealis (▸ vgl. Kap. 12, S. 128).

Ausrufesätze

Ausrufe können im Lateinischen verschiedenartig gestaltet sein:

- als Akkusativ des Ausrufs (▸ vgl. Kap. 9, S. 85): **O incredibilem audaciam!** *Welch unglaubliche Frechheit!*
- als freistehender AcI (▸ S. 94 ff.): **Tene hoc audere!** *Dass du das wagst!*
- als Fragesatz: **Quam pulchra est!** *Wie schön sie ist!*

Aufforderungssätze

Aufforderungen erscheinen im Lateinischen in verschiedenen Formen:

- als Imperativ: **Abi!** *Geh weg!*
- als Prohibitiv (= verneinter Imperativ): **Ne me tetigeris!** *Rühr mich nicht an!*
- als Iussiv (= Aufforderung an Dritte): **Audiatur et altera pars!** *Auch die andere Seite/Partei soll angehört werden!*
- als Hortativ (= Aufforderung an eine Gruppe, zu der die sprechende Person selbst zählt): **Ludamus!** *Lass(t) uns spielen!*
- als Optativ (= Aufforderung als Wunsch): **Velim scribas!** *Wenn du nur schreiben würdest!*

▸ Kennzeichen und Übersetzung der Aufforderungssätze s. Kap. 12, S. 127 ff.

Fragesätze

Wie im Deutschen unterscheidet man im Lateinischen zwischen Ergänzungs- bzw. Wort- und Entscheidungs- bzw. Satzfragen.

Ergänzungs- oder Wortfragen

Ergänzungsfragen werden durch ein Fragepronomen bzw. ein Frageadverb eingeleitet. Sie erwarten als Antwort eine bestimmte Angabe. Beispiele:

Quis? *Wer?*	**Quantus?** *Wie groß?*	**Cur?** *Warum?*
Quid? *Was?*	**Qualis?** *Wie beschaffen?*	**Quam?** *Wie (sehr)?*
Quando? *Wann?*	**Ubi?** *Wo?*	**Quomodo?** *Wie?*

Ubi sum? *Wo bin ich?*

Entscheidungs- oder Satzfragen

Entscheidungsfragen werden im Lateinischen durch eine Fragepartikel eingeleitet. Als Antwort wird *Ja/Nein* erwartet. Mögliche Fragepartikel:

- angehängtes **-ne**
  Die Fragepartikel **-ne** bleibt unübersetzt. Es wird weder eine bejahende noch eine verneinende Antwort erwartet:
  Veniesne? *Wirst du kommen?*
- **nonne** *(etwa) nicht?*
  Auf eine mit **nonne** eingeleitete Frage wird eine bejahende Antwort erwartet:
  Nonne sentis? *Merkst du es (etwa) nicht?*
- **num** *etwa?*
  Auf eine mit **num** eingeleitete Frage wird eine verneinende Antwort erwartet:
  Num dubitas? *Zweifelst du etwa?*

Eine Sonderform der Entscheidungsfragen ist die Doppel- oder Wahlfrage. Sie besteht aus zwei durch *oder* verbundenen Teilen. Eingeleitet werden sie mit (**utrum/-ne** bleibt jeweils unübersetzt):

- **-ne ... an** ... ... *oder* ...
- **(utrum) ... an** ... ... *oder* ...

Uter nostrum celerior est? Tune an ego?
Wer von uns beiden ist schneller? Du oder ich?

JA sagt man im Lateinischen mit **ita (est), certe** o. Ä. oder man wiederholt das Verb der Frage. NEIN wird durch das mit **non** verneinte Verb oder durch **minime** o. Ä. ausgedrückt:
Probasne id? – Probo. / Non probo. *Bist du damit zufrieden? – Ja. / Nein.*

Satzreihen

Als Satzreihen bezeichnet man gleichwertige Sätze (v.a. Hauptsätze), die entweder asyndetisch (d. h. unverbunden, also ohne Konjunktionen) nebeneinandergestellt oder durch beiordnende Konjunktionen verbunden werden.

Unverbundene und verbundene Satzreihen

Bei unverbundenen Satzreihen werden die einzelnen Hauptsätze bzw. Satzteile mit Kommata aneinandergereiht: **Veni, vidi, vici.** *Ich kam, sah und siegte.*

Verbundene Satzreihen (Hauptsätze, Satzteile) werden durch diverse Konjunktionen verbunden. Hier die wichtigsten:

Verknüpfende Konjunktionen

et/-que (angehängt)/**atque** (**ac** nur vor Konsonanten außer **h**)	*und**
etiam	*auch, sogar, noch*
quoque (nachgestellt)	*auch*
neque/nec	*und nicht, auch nicht*
ne … quidem (getrennt durch einen Begriff)	*nicht einmal, selbst … nicht*

* Während im Deutschen bei Aufzählungen das letzte Element durch *und* angehängt wird, sind im Lateinischen neben einem einzelnen angehängten **-que** auch asyndetische (nur Kommata) oder polysyndetische (**… et … et …**) Reihungen möglich:

domus, navis carrusque
domus, navis, carrus
domus et navis et carrus
} *ein Haus, ein Schiff und ein Wagen*

Ausschließende Konjunktionen

aut (schließt in der Regel eines von zwei Elementen aus)	*oder*
vel (stellt die Wahl zwischen zwei Elementen frei)	
-ve (angehängt; meist bei Mengenangaben)	

Id est verum aut falsum. *Das ist wahr oder falsch.*
Vinum vel aquam bibere vult. *Er will Wein oder (auch) Wasser trinken.*

Adversative Konjunktionen

sed/verum	*aber, sondern*
autem (nachgestellt)/**vero** (nachgestellt)	*aber*
at	*jedoch*
tamen	*doch, dennoch, trotzdem*

Non scholae, sed vitae discimus.
Nicht für die Schule, sondern für das Leben lernen wir.

Kausale Konjunktionen

nam	*denn, nämlich*
enim (nachgestellt)	*denn, nämlich*
scilicet (oft ironisch verwendet)	*natürlich*

Hodie domum non relinquam. Nam non valeo.
Heute werde ich das Haus nicht verlassen. Es geht mir nämlich nicht gut.

Folgernde Konjunktionen

itaque	*daher, deshalb*
igitur (nachgestellt)	*also*
ergo	*also, folglich*

Fortissimus sum. Itaque vincam.
Ich bin der Stärkste. Deshalb werde ich gewinnen.

Korrespondierende Konjunktionen

et … et	*sowohl … als auch,* *einerseits …, andererseits*
neque … neque	*weder … noch*
aut … aut	*entweder … oder*
vel … vel	*entweder … oder*
cum … tum	*sowohl … als auch besonders*
non modo / non solum … **sed etiam / verum etiam**	*nicht nur …, sondern auch*
tum … tum / modo … modo	*bald …, bald*

Et mari et terra bellum gerebat.
Er führte sowohl zu Wasser als auch zu Lande Krieg.

Satzgefüge

Als Satzgefüge bezeichnet man die Verbindung von Hauptsätzen und untergeordneten Nebensätzen. Die im Nebensatz verwendete Tempus- bzw. Modusform richtet sich in der Regel nach der **consecutio temporum**, der lateinischen Zeitenfolge (▸ vgl. Kap. 12, S. 130 f.) (Achtung: Der Konjunktiv findet sich in lateinischen Nebensätzen ungleich häufiger, wird jedoch in den meisten Fällen mit Indikativ übersetzt! ▸ Vgl. Beispielsätze). Da die Gliedsätze jeweils stellvertretend für ein Satzglied stehen und dessen Funktion im Satz übernehmen, können sie demzufolge in Subjekts-, Objekts-, Adverbial- oder Attributsätze eingeteilt werden. Man kann sie aber auch ihrer äußeren Form nach gemäß ihrer Unterordnung bzw. Einleitung differenzieren:

- **Indirekte Fragesätze** (Satzgliedfunktion: Subjekt-/Objektsätze)
- **Relativsätze** (Satzgliedfunktion: Subjekt-/Objekt-/Attributsätze)
- **Konjunktionalsätze** (Satzgliedfunktion: Subjekt-/Objekt-/Attribut-/Adverbialsätze)
- **Nebensätze ohne Einleitung**

Indirekte Fragesätze

Indirekte Fragesätze stehen nach Verben des Fragens, Sagens, Zweifelns und (Nicht)Wissens und werden von Fragepronomen oder -adverbien eingeleitet. Im Satz übernehmen sie die Funktion des Subjekts oder des Objekts. Indirekte Fragesätze sind stets innerlich abhängig, d. h. sie stehen immer im Konjunktiv, richten sich nach der **consecutio temporum** und verwenden bei Rückbezug auf das Subjekt des übergeordneten Satzes die Reflexivpronomen (**sui, sibi, se** und **suus, -a, -um**). Als Verneinung dient **non.**

Indirekte Ergänzungs-/Wortfragen

Sie werden eingeleitet durch ein Fragepronomen oder -adverb:

Nescio, quid dicam. *Ich weiß nicht, was ich sagen soll.*

Indirekte Entscheidungs-/Satzfragen

Sie werden eingeleitet durch **num/-ne** *ob:*

Dic mihi, num mecum iter facere velis.
Sag mir, ob du mit mir eine Reise machen willst.

Nach Ausdrücken des Nichtwissens/Zweifelns heißt **an** *ob nicht, vielleicht* und **an non** *ob, schwerlich:*
Haud scio, an Italiam petam.
Ich weiß nicht, ob ich nicht nach Italien gehe. / Vielleicht gehe ich …
Nach Verben des Versuchens und Erwartens heißt **si** *ob*:
Hostes conati sunt, si perrumpere possent.
Die Feinde versuchten, ob sie durchbrechen könnten.

Indirekte Doppel-/Wahlfragen

Sie werden eingeleitet durch **utrum/-ne … an** *ob … oder* bzw. **utrum/-ne … necne** *ob … oder nicht:*

Semper deliberandum est, utrum aliquid bonum an malum sit.
Man muss bei einer Sache immer überlegen, ob sie gut oder schlecht ist.

Relativsätze

Wie im Deutschen werden lateinische Relativsätze durch Relativpronomen/-adverbien eingeleitet (für die Formen ▸ s. Kap. 4, S. 36) und weisen meist zurück auf ein Bezugswort im übergeordneten Satz. Mit diesem stimmt das Relativpronomen in Numerus und Genus überein. Der Kasus hängt allerdings von seiner Funktion im Nebensatz ab.

Relativsätze stehen in der Regel im Indikativ (Ausnahmen ▸ s. Besonderheiten der Relativsätze). Die Negation im Relativsatz ist **non**.

Vir, quem quaeris, Romae vivit. *Der Mann, den du suchst, wohnt in Rom.*
Navis, qua insulam petit, vetus est. *Das Schiff, mit dem er zur Insel segelt, ist alt.*
Pericula, quae tibi instant, maxima sunt. *Die Gefahren, die dir drohen, sind riesig.*

Je nach Verwendung können Relativsätze folgende Funktion haben:

- Attributsatz
  Senatorem quaero, qui Cicero appellatur.
  Ich suche den Senator, der Cicero genannt wird.
- Subjekt-/Objektsatz (kein Bezugswort! → Übersetzung mit *wer/was*)
  Qui totum vult, totum perdit. *Wer alles will, verliert alles.* (Subjekt)
  Accepi, quod petivi. *Ich habe bekommen, was ich wollte.* (Objekt)
- Adverbialsatz (Ausdruck eines Nebensinns mit Konj.; s. Besonderheiten)
  Tune nave usus es, quae vetus esset?
  Du hast das Schiff benutzt, obwohl es alt war?

Besonderheiten der Relativsätze

Stellung des Bezugsworts

Normalerweise befindet sich das Bezugswort des Relativsatzes im übergeordneten Satz. Manchmal kann es aber auch im Relativsatz nochmals aufgegriffen werden oder sogar nur dort stehen:

Quas quisque artes cognoverit, in his artibus se exerceat!
Jeder soll sich in den Fertigkeiten üben, die er kennt!

Relativer Satzanschluss

Sehr häufig verbindet das Relativpronomen am Satzanfang den Satz eng mit dem vorangehenden. Übersetzt wird in der Regel mit dem deutschen Demonstrativpronomen *dieser, diese, dieses*:

Consul orationem habuit. Quam cum audivissent, senatores e curia exierunt.
Der Konsul hielt eine Rede. Nachdem die Senatoren diese gehört hatten, gingen sie aus der Kurie.

Häufige relative Satzanschlüsse sind:
... . **Quo facto** *Hierauf;* ... . **Quibus rebus cognitis** *Auf diese Kunde hin;* ... . **Quae cum audivisset** *Nachdem er dies gehört hatte / Auf diese Nachricht hin;* ... . **Quae cum ita sit** *Da / Obwohl dies so ist / Unter diesen Umständen;* ... . **Quibus rebus gestis** *Nach diesen Taten / Danach;* ... . **Quare / Qua de causa** *Deshalb / Deswegen*

Modus im Relativsatz

Relativsätze stehen im Indikativ, wenn sie eine objektive Tatsache ausdrücken. Der Konjunktiv steht dagegen bei Modusangleichung (▸ Kap. 12, S. 131) wenn eine subjektive Meinung ausgedrückt wird (▸ obliquer Konjunktiv, Kap. 12, S. 131) oder wenn der Relativsatz den Sinn eines subjunktionalen Gliedsatzes hat. Solche möglichen Nebensinne sind die folgenden:

- konsekutiv: findet sich nach vorausgehendem **tam** *so*, **talis** *solch*, **tantus** *so groß*, **is** (i. S. v. **talis**) *so einer* u. ä. oder nach einem **unbestimmten, negativen Bezugswort**. Typische Wendungen:
  pauci sunt, qui *es gibt wenige Leute, die;* **reperiuntur, qui** *es finden sich Leute, die;* **quis est, qui** *wen gibt es, der;* **nemo est, qui** *es gibt niemanden, der;* **(non) habeo, quod** *ich habe (keinen) Grund dazu, dass;* **quid est, quod** *was ist der Grund dafür, dass*
  Pauci sunt, qui id faciant. *Es gibt wenige, die das tun*
  Non is sum, qui tempestate terrear.
  Ich bin nicht (so) einer, der sich von einem Sturm erschrecken lässt.

Nach verneinten einleitenden Wendungen kann statt **qui/quae/quod... non** (nur Nom.!) auch **quin** *der/die/das* bzw. *dass... nicht* stehen!
Nemo est tam fortis, quin (= qui non) id malum timeat.
Niemand ist so tapfer, dass er sich nicht vor diesem Übel fürchtet.

- konzessiv: Das Relativpronomen wird mit *obwohl* übersetzt.
  Cur colit illos viros, quos numquam viderit?
  Warum verehrt er jene Männer, obwohl er sie nie gesehen hat?
  Manchmal findet sich noch **tamen** *dennoch* als Signalwort im Hauptsatz.
- kausal: Das Relativpronomen wird mit *weil/da* übersetzt. Diese Sinnrichtung kann durch **ut**, **quippe**, **utpote** oder **praesertim** noch unterstrichen werden.
  Me omnes mulieres amant, (quippe) qui tam pulcher sim.
  Mich lieben alle Frauen, weil ich ja so schön bin.
- final: oft nach Verben des Schickens, Gebens oder Wählens. Übersetzt wird mit *um ... zu, damit* oder *sollen.*
  Imperator milites reliquit, qui castris defenderent. *Der Feldherr ließ Soldaten zurück, die das Lager verteidigen sollten. (/damit sie das Lager verteidigten.)*
- nach einigen Adjektiven wie **(in)dignus** *(un)würdig*, **idoneus** *passend* und **aptus** *geeignet*. Übersetzt wird mit Infinitiv.
  Dignus est, qui audiatur. *Er ist würdig / verdient es, gehört zu werden.*

Relative Verschränkung

Manchmal ist der Relativsatz mit einer anderen Konstruktion (meist einem AcI oder einem indirekten Fragesatz) verschränkt, die vom Prädikat des Relativsatzes abhängt. In diesem Fall richtet sich die Form des Relativpronomens nach dieser Konstruktion.

Für die Wiedergabe im Deutschen ist es ratsam, den Relativsatz zunächst als selbständigen Satz zu übersetzen (das Relativpronomen wird zum Demonstrativpronomen ▸ vgl. relativer Satzanschluss, S. 112) und ihn erst danach wieder in freierer Form in den übergeordneten Satz einzubinden. Hierfür bieten sich mehrere Möglichkeiten an.

Beispiel mit einem AcI:
Nemo in silva, quam plenam bestiarum esse scimus, ire audet.

Relativsatz mit *von dem/der/denen*	*Niemand wagt es, in den Wald zu gehen,* ***von dem*** *wir wissen, dass er voll wilder Tiere ist.*
Auflösung in zwei Sätze (Übersetzung wie beim relativen Satzanschluss)	*Niemand wagt es, in den Wald zu gehen. Wir wissen, dass* ***dieser*** *voll wilder Tiere ist.*
Präpositionalausdruck	*Niemand wagt es, in den Wald zu gehen, der* ***nach unserem Wissen*** *voll wilder Tiere ist.*
Adverb (nur beim AcI)	*Niemand wagt es, in den Wald zu gehen, der* ***bekanntlich*** *voll wilder Tiere ist.*
Einschub (nur beim AcI)	*Niemand wagt es, in den Wald zu gehen, der -* ***wie wir wissen*** *- voll wilder Tiere ist.*

Konjunktionalsätze

Konjunktionalsätze werden durch eine Subjunktion (unterordnende Konjunktion) eingeleitet. Nach Art ihrer Einleitung/Sinnrichtung können sie in verschiedene Unterkategorien eingeteilt werden.

Temporalsätze

Temporalsätze geben Informationen über die Zeit. Je nach Subjunktion stehen sie im Indikativ oder Konjunktiv. Als Negation wird stets **non** verwendet.

cum mit Indikativ

- **cum temporale**: gibt den Zeitpunkt einer einmaligen Handlung an und steht oft nach **tum** *damals*, **eo tempore** *zu dieser Zeit* o. Ä. im übergeordneten Satz. Übersetzung: *(damals,) als; zu der Zeit, wo; wenn* (**cum primum** *zu dem Zeitpunkt, als zuerst/sobald*)
  Cum in forum veni, multi mercatores ibi aderant.
  Als ich auf das Forum kam, waren dort viele Händler.

- **cum iterativum**: bezeichnet wiederholte Vorgänge. Übersetzung: *immer, wenn; so oft*
  Cum cecideram, surgebam. *So oft ich fiel, stand ich auf.*

- **cum identicum:** drückt ein zeitliches und sachliches Zusammenfallen zweier Handlungen aus (gleiches Tempus wie im Hauptsatz!). Übersetzung; *dadurch, dass; indem*
  Cum tacent, clamant. *Indem sie schweigen, schreien sie.*

- **cum inversum** (+ Ind. Perfekt oder Präsens): Die Handlung des Nebensatzes ist die wichtigere und unterbricht die Hauptsatzhandlung; oft in Verbindung mit Adverbien wie **iam** *schon*, **modo** *gerade*, **vix** *kaum*, **subito/repente** *plötzlich*. Übersetzung: *als (plötzlich)*
  Vix milites flumen transierant, cum subito hostes aggressi sunt. *Kaum hatten die Soldaten den Fluss überquert, da griffen plötzlich die Feinde an.*

cum mit Konjunktiv

- **cum narrativum:** gibt zeitliche Nebenumstände an, welche die Haupthandlung begleiten bzw. ihr vorangehen. Übersetzung: *als; während* (bei Imperfekt)*; nachdem* (bei Plusquamperfekt)
  Cum cenavisset, domum reliquit.
  Nachdem er gegessen hatte, verließ er das Haus.

Cum kann auch eine **adversative** (= gegensätzliche) Bedeutung besitzen, die mit *während (dagegen)/wohingegen* übersetzt wird:
Vos vinum bibitis, cum ego siccus sim.
Ihr trinkt Wein, während ich durstig bin.

postquam

Bezeichnet die Vorzeitigkeit der Nebenhandlung und wird mit *nachdem* übersetzt. Der lateinische Nebensatz steht im Indikativ Perfekt, im Deutschen wird Plusquamperfekt verwendet (bei seltenem **postquam** + Ind. Präs.: Übersetzung mit *seit[dem]*).

Postquam cenavit, domum reliquit.
Nachdem er gegessen hatte, verließ er das Haus.

antequam/priusquam

Bezeichnen die Nachzeitigkeit der Nebenhandlung und werden mit *ehe; bevor* übersetzt. Sie stehen meist mit Indikativ. Der Konjunktiv steht nur, wenn die Unwirklichkeit der Nebenhandlung (*bevor* im Sinne von *ohne dass noch*) oder ein finaler Nebensinn (*bevor* im Sinne von *damit nicht zuvor*) ausgedrückt werden soll. Teilweise findet sich **prius ... quam** bzw. **ante ... quam** auch getrennt im Satz.

Hostes non prius fugere destiterunt, quam ad flumen pervenerunt.
Die Feinde hörten nicht auf zu fliehen, ehe sie zum Fluss kamen.
Antequam verbum facerem, abiit. *Ehe ich ein Wort sagen konnte (= ohne dass ich noch ein Wort sagen konnte), ging er weg.*
Id vobis narravi, priusquam ab aliis audiretis. *Dies habe ich euch erzählt, bevor ihr es von anderen hört (= damit ihr es nicht zuvor von anderen hört).*

ut/ubi (primum)/simul(-ac/-atque)

Diese Subjunktionen bezeichnen die rasche Abfolge von zwei Ereignissen, wobei das Ereignis des Nebensatzes dem des Hauptsatzes unmittelbar vorausgeht. Sie werden mit *sobald* übersetzt und stehen in der Regel mit Indikativ Perfekt. Bezeichnen sie wiederholte Handlungen, wird übersetzt mit *sooft; jedes Mal, wenn* und es gilt die Zeitenfolge indikativischer Nebensätze.

Ut cohortes excubuerant, accesserunt Pompeiani.
Jedes Mal, wenn die Truppen draußen lagerten, rückten die Anhänger des Pompeius an.
Simul accepi litteras tuas, statim auxilium misi.
Sobald ich deinen Brief erhalten hatte, habe ich sofort Hilfe geschickt.

dum

Bezeichnet die andauernde Nebenhandlung, welche die Haupthandlung zeitlich umrahmt. Es wird übersetzt mit *während* und steht mit Indikativ Präsens (auch bei Ereignissen in der Vergangenheit!). Im deutschen Nebensatz findet sich die gleiche Zeit wie im Hauptsatz.

Dum ea Romae geruntur, exercitus provinciam pervenit.
Während dies in Rom geschah, erreichte das Heer die Provinz.

dum/donec/quoad/quamdiu

Bezeichnen die mit der Haupthandlung gleich lang andauernde Nebenhandlung und stehen mit Indikativ (gleiches Tempus wie im Hauptsatz!). Übersetzung: *solange*

Dum spiro, spero. *Solange ich atme, hoffe ich.*

dum/donec/quoad

Können auch den Endpunkt einer Handlung angeben. Sie stehen dann mit Indikativ (Perfekt in Bezug auf die Vergangenheit, Futur II in Bezug auf die Zukunft) (Konjunktiv Präsens bzw. Imperfekt nur bei finaler Nebenbedeutung bei Verben des Wartens). Übersetzung: *(solange) bis; bis (dass)*
Romae biennium fui, quoad in provinciam profectus sum.
Ich war zwei Jahre in Rom, bis ich in die Provinz aufbrach.
Exspectat, dum aqua reveniat. *Er wartet, bis das Wasser zurückkommt.*

Faktisches *quod*

Ein durch ein sogenanntes faktisches **quod** eingeleiteter Nebensatz drückt eine Tatsache aus, welche die Handlung des übergeordneten Satzes erläutert. Dementsprechend steht der **quod**-Satz in der Regel im Indikativ. (Ausnahmen: obliquer Konjunktiv und Wendungen wie z. B. **quod sciam** *soviel ich weiß*). Übersetzt wird **quod** hier mit *dass*.

Ein faktisches **quod** folgt auf Verben des Handelns/Geschehens, die mit einem wertenden Adverb verbunden sind:

bene / **male** / **opportune**	**accidit/evenit/fit**	*es trifft sich/ist*	*gut* / *schlecht* / *gelegen*
bene / **male**	**facere**	*gut* / *schlecht*	*daran tun*

Bene accidit, quod ades. *Es trifft sich gut, dass du da bist.*

Außerdem kann das faktische **quod** nach vorausgehendem (oder dem Sinn nach zu ergänzendem) demonstrativem Hinweis im Hauptsatz stehen. Teilweise bietet sich dann auch eine Übersetzung mit *nämlich dass* an.

In eo errant, quod se potentissimos putant.
Sie irren in dem Punkt, dass sie sich für übermächtig halten.
Caesar suum in eum beneficium commemoravit, quod rex appellatus esset.
Caesar erinnerte an seine Wohltat ihm gegenüber, nämlich dass er die Bezeichnung „König" erhalten habe.

Die Nähe zwischen faktischem **quod** und kausalem **quod** zeigt sich vor allem bei den Verben des Lobens/Tadelns/Dankens (z. B. **laudare** *loben*, **reprehendere** *kritisieren*, **gratias agere** *danken* …), den Verben der Gerichtssprache (z. B. **accusare** *anklagen*, **damnare** *verurteilen* …) und bei Gefühlsausdrücken (z. B. **gaudere** *sich freuen*, **dolere** *traurig sein*, **irasci** *zornig sein*, **aegre ferre** *verärgert sein* …). Hier kann **quod** sowohl mit *dass* als auch mit *weil* übersetzt werden:
Gaudio afficior, quod te video. *Ich freue mich, dass/weil ich dich sehe.*

Kausalsätze

Kausalsätze geben einen Grund an. Als Negation wird **non** verwendet.

quod/quia/quoniam

Kausalsätze mit **quod/quia/quoniam** *weil; da (ja)* stehen im Indikativ.
Im Hauptsatz findet sich dabei oft ein hinweisendes Demonstrativum/Adverb wie **ob eam rem/propterea/idcirco/eo/ideo/ob hanc causam** *deswegen/daher/deshalb*.
Der Konjunktiv steht nur, wenn es sich um eine persönliche Meinung (obliquer Konjunktiv; ▸ s. Kap. 12, S. 131) handelt oder wenn mit **non quo(d)** + Konj., **sed quod** + Ind. *nicht als ob/nicht weil …, sondern weil* ein vermeintlicher Grund als nicht zutreffend bezeichnet wird.
Eo puniris, quia mentitus es.
Du wirst deswegen bestraft, weil du gelogen hast.
Athenienses Socratem capitis damnaverunt, quod iuvenes corrumperet.
Die Athener verurteilten Sokrates zum Tod, weil er die Jugend verdürbe.

Eos neglexeram, non quod eis suscenserem, sed quod eorum me pudebat.
Ich hatte sie vernachlässigt, nicht weil ich ihnen zürnte, sondern weil ich mich ihrer schämte.

cum
Kausalsätze mit **cum** *weil, da* stehen im Konjunktiv. Sie können durch **quippe** oder **praesertim** noch verstärkt werden: *zumal da.*
Imperator multa bella gessit, cum imperium augere vellet.
Der Kaiser führte viele Kriege, weil er sein Reich vergrößern wollte.

Konsekutivsätze

Konsekutivsätze drücken eine Folge bzw. Wirkung aus. Sie werden eingeleitet durch **ut** *(so) dass* bzw. **ut non** *(so) dass nicht* (entsprechend **ut nemo** *dass niemand*, **ut nihil** *dass nichts* usw.).
Konsekutivsätze haben stets den Konjunktiv als Modus bei sich.
Oft stehen im übergeordneten Satz demonstrative Hinweise wie **ita/sic/adeo/tantopere** *so (sehr)*, tam (+ Adjektiv) *so …*, **is/talis/eiusmodi** *solch; derartig* oder **tantus** *so groß* u. ä.

Tantus erat clamor, ut verba oratoris non audirem.
Das Geschrei war so groß, dass ich die Worte des Redners nicht hörte.

Ut findet sich auch in Verbindung mit **quam** nach einem Komparativ:

Ars mea altior esse videtur, quam ut isti intellegere possint.
Meine Kunst scheint zu erhaben, als dass diese Leute sie verstehen könnten.

Ein Konsekutivsatz folgt auch auf unpersönliche Ausdrücke des Geschehens/Folgens u. Ä., so z. B.:

fieri (non) potest *es ist (un)möglich (= möglicherweise/unmöglich)*, **fit** *es geschieht*, **ita factum est** *so geschah es*, **sequitur** *es folgt daraus*, **accidit/evenit** *es ereignet sich*

Eadem nocte accidit, ut esset luna plena.
Es traf sich, dass in derselben Nacht Vollmond war.

Ebenso erscheint ein **ut**-Satz nach Wendungen mit **esse** + Substantiv/substantiviertem Adjektiv, so z. B.:
mos est *es ist Sitte*, **consuetudo est** *es ist Brauch*, **reliquum est** *es bleibt noch*

Reliquum est, ut de felicitate pauca dicamus.
Nun bleibt (es) noch, ein paar Worte über das Glück zu sagen.

Selten geht ein konsekutiver **ut**-Satz in die Richtung eines sogenannten explikativen **ut**-Satzes, der ein Substantiv bzw. einen demonstrativen Hinweis im Hauptsatz genauer erläutert. Die Unterscheidung ist für die Übersetzung jedoch meist nicht weiter von Bedeutung. Teils bietet sich lediglich eine etwas deutlichere Übersetzung mit *nämlich dass* statt einfachem *dass* an:
Hoc est commune vitium in civitatibus, ut invidia gloriae comes sit.
Das ist ein allgemeiner Fehler in den Staaten, (nämlich) dass der Neid der Begleiter des Ruhmes ist.

Nach verneintem Vordersatz kann statt **ut non** die Konjunktion **quin** stehen (▸ vgl. **quin**-Sätze, S. 120). Übersetzt wird mit *(so …) dass nicht; ohne dass; ohne zu*:
Fieri non potest, quin ad te veniam. *Es kann nicht geschehen, dass ich nicht zu dir komme (= Es muss unbedingt geschehen, dass ich zu dir komme./Ich muss unbedingt zu dir kommen.)*

Finalsätze

Abhängige Begehrsätze (auch: finaler Objekt- bzw. Subjektsatz)

Sie geben ein Begehren/einen Wunsch an und werden eingeleitet durch **ut** *dass* bzw. **ne** *dass nicht*. Sofern die handelnde Person klar ist, bietet sich auch eine Übersetzung mit *zu/nicht zu* + Infinitiv an.

Lateinische Begehrsätze sind stets innerlich abhängig, d. h. sie stehen immer im Konjunktiv, richten sich nach der **consecutio temporum** und verwenden bei Rückbezug auf das Subjekt des übergeordneten Satzes die Reflexivpronomen (**sui, sibi, se** und **suus, -a, -um**). Sie finden sich nach Verben des Aufforderns/Bittens/Strebens/Bewirkens, so z. B.:

orare/rogare/petere *bitten;* **hortari/monere** *auffordern/ermahnen;* **postulare/flagitare** *fordern;* **optare** *wünschen;* **obsecrare** *anflehen;* **impellere/permovere/adducere** *veranlassen;* **permittere** *erlauben;* **curare** *dafür sorgen;* **operam dare** *sich Mühe geben;* **facere/efficere/perficere** *bewirken;* **imperare** *befehlen;* **persuadere** *überreden;* **id studere** *danach streben …*

Te rogo, ut id facias. *Ich bitte dich, dass du das tust/das zu tun.*
Me obsecravit, ne se desererem.
Er flehte mich an, dass ich ihn nicht verlasse/ihn nicht zu verlassen.

Bei den Verben des Bewirkens muss unterschieden werden, ob eine Absicht (Finalsatz → **ut/ne**) oder eine Folge (Konsekutivsatz → **ut/ut non**) ausgedrückt wird.

Finales **ut/ne** kann auch nach Verben der Meinungsäußerung stehen, wenn es um ein Begehren/eine Aufforderung und nicht um Tatsachen (dann AcI!) geht:

- Tatsache (AcI): **Dico Iuliam verum dicere.** *Ich sage, dass Julia die Wahrheit sagt.*
- Aufforderung (Finalsatz): **Dico, ut Iulia verum dicat.**
  Ich sage, dass Julia die Wahrheit sagen ***soll.***

Einige dieser Verben verändern sogar ihre Bedeutung je nach Konstruktion:

	Tatsache (AcI)	**Aufforderung (ut/ne)**
censere	*der Ansicht sein, dass*	*dafür stimmen/beantragen, dass*
concedere	*zugestehen, dass*	*erlauben, dass*
(ad)monere	*erinnern, dass*	*ermahnen, dass* *(+ne:) warnen, dass*
videre	*(ein)sehen, dass*	*zusehen/sorgen, dass*
persuadere	*überzeugen, dass*	*überreden, dass*

Also: **Pater filios monet eos hoc fecisse.** *Der Vater erinnert die Söhne (daran), dass sie das getan haben.* (AcI)
Aber: **Pater filios monet, ne hoc faciant.**
Der Vater warnt die Söhne (davor), dass sie das tun/das zu tun. (Finalsatz)

Begehrsätze finden sich auch nach Ausdrücken des Fürchtens, wie z. B. **timere/metuere/vereri** *fürchten*, **periculum est** *es besteht die Gefahr; es ist zu befürchten*. **Achtung:** Hier bedeutet **ne** *dass* und **ne non** bzw. **ut** *dass nicht*:

Vereor, ne errem. *Ich fürchte, dass ich mich irre.*
Timeo, ne hostes fugere non possimus.
Ich fürchte, dass wir nicht vor den Feinden fliehen können.

Aber **timere/metuere/vereri** + Infinitiv: *sich scheuen etw. zu tun*

Begehrsätze finden sich auch nach Ausdrücken des (Ver)Hinderns und Widerstrebens, wie z. B. **prohibere** *abhalten; [ver]hindern*, **impedire** *hindern*, **recusare** *sich weigern*, **deterrere** *abschrecken*, **resistere** *sich widersetzen* u.ä.
Achtung: Auch hier bedeutet **ne/quominus** *dass* (nach verneinten Ausdrücken und solchen mit **vix/aegre** *nur mit Mühe*: **quin** *dass*):

Dolore impedior, ne/quominus plura scribam.
Schmerzen hindern mich daran, dass ich mehr schreibe/mehr zu schreiben.
Milites aegre prohiberi poterant, quin urbem irrumperent.
Die Soldaten konnten nur mit Mühe davon abgehalten werden, dass sie in die Stadt einfielen/in die Stadt einzufallen.

Absichtssätze (auch: Finale Adverbialsätze)

Anders als die abhängigen Begehrsätze stellen finale Adverbialsätze keine notwendige Ergänzung zum übergeordneten Verb dar. Sie geben unabhängig von diesem eine Absicht/einen Zweck an. Als Konjunktionen dienen **ut** *damit* bzw. **ne** *damit nicht*. Sofern die handelnde Person klar ist, bietet sich auch hier eine Alternativübersetzung mit *um zu/um nicht zu* + Infinitiv an.
Absichtssätze stehen stets im Konjunktiv. Oft findet sich im einleitenden Satz ein demonstrativer Hinweis, wie z. B.:
eo/ideo/idcirco/ob eam causam *deshalb*, **eo consilio/ea mente** *in der Absicht*, **ea lege/ea condicione** *unter der Bedingung*

Do, ut des. *Ich gebe, damit du gibst.* (röm. Rechtsformel für ggs. Verträge)
Milites fugiebant, ut se servarent. *Die Soldaten flohen, um sich zu retten.*

Gerade in Fällen mit vorausgehendem demonstrativem Hinweis zeigt sich eine Annäherung des finalen **ut**-Satzes an einen explikativen **ut**-Satz, der ein Substantiv bzw. einen demonstrativen Hinweis im Hauptsatz genauer erläutert:
Hostes nocte processerunt eo consilio, ut castra celeriter expugnarent.
Nachts rückten die Feinde in der Absicht vor, dass sie das Lager schnell eroberten/das Lager schnell zu erobern.

Für alle Finalsätze gilt: Wo das Lateinische beim **ne** *damit nicht* bleibt, wird im Deutschen die Verneinung gern zu den Adverbien oder zum Pronomen gezogen, so z. B.:
ne quis (= ne aliquis) (eigtl. *damit nicht irgendjemand* =) *damit niemand*
ne quid (= ne aliquid) (eigtl. *damit nicht irgendetwas* =) *damit nichts*
ne umquam (eigtl. *damit nicht jemals* =) *damit nie*

Quin-Sätze

Quin wird normalerweise als Fragewort *Warum nicht ...?* verwendet.
Es dient jedoch nach verneinten Hauptsätzen auch als Subjunktion in der Bedeutung *dass nicht* bzw. *dass* (▸ s. Tabelle). **Quin**-Sätze sind mehrheitlich innerlich abhängig. Sie stehen immer im Konjunktiv und richten sich nach der **consecutio temporum**. Bei Rückbezug auf das Subjekt des übergeordneten Satzes findet sich das **Reflexivpronomen** (**sui, sibi, se** und **suus, -a, -um**).

- Nach verneinten Ausdrücken des Zweifelns (innerl. abhängig): *dass*
  Dubium non est/Non dubito, quin hoc verum sit. *Es besteht kein Zweifel/ Ich zweifle nicht daran, dass das wahr ist.*
- Nach verneinten Ausdrücken des Hinderns/ Widerstrebens (auch **vix/aegre** *nur mit Mühe* zählen als Negation) (innerl. abhängig): *dass*
  Reus prohiberi non poterat, quin fugeret. *Der Angeklagte konnte nicht davon abgehalten werden, dass er floh (= zu fliehen).*
- Nach beliebigem verneinten Einleitungsverb (statt **ut non**) (nicht immer innerl. abhängig): *(so ...) dass nicht; ohne dass; ohne zu*
  Fieri non potest, quin condemnetur. *Es kann nicht sein, dass er nicht verurteilt wird. (= Er muss unbedingt verurteilt werden.)*

Konditionalsätze

Konditionalsätze geben eine Bedingung an. Während sich diese im Nebensatz befindet, enthält der übergeordnete Satz die entsprechende Folgerung. Als Konjunktionen dienen hauptsächlich **si** *wenn* und **nisi** (bei Verneinung von einzelnen Begriffen **si non**) *wenn nicht*. Daneben finden sich aber auch weitere wie **si minus** *wenn nicht*, **sin (autem)** *wenn aber*, **quod si** *wenn aber; wenn also*, **sive – sive** *sei es dass ... oder dass*, **nisi vero/nisi forte** *außer wenn*, **(dum)modo** *wenn nur*.

Der Modus im Nebensatz hängt davon ab, ob die sprechende Person die Bedingung als wirklich bzw. unbestimmt, als möglich oder als unmöglich ansieht. Es gelten jeweils die Regeln der **consecutio temporum**.

real/unbestimmt → Indikativ	**potential** → Konj. Präsens / Perfekt	**irreal** → Konj. Imperfekt (Gegenwart)/Plusquamperfekt (Vergangenheit)
Si hoc contendis, erras. *Wenn du das behauptest, irrst du dich.* Beispiel im Futur: **Si hoc confecerit, domum ibit.** *Wenn er das erledigt hat, wird er nach Hause gehen.*	**Si hoc contendas / contenderis, erres / erraveris.** *Wenn du das behaupten solltest, dürftest du dich (wohl) irren.*	**Si hoc contenderes, errares.** *Wenn du das behaupten würdest, würdest du dich irren.* **Si hoc contendisses, erravisses.** *Wenn du das behauptet hättest, hättest du dich geirrt.*

Besonderheiten:

- **nisi** *wenn nicht* schränkt eher die Geltung des Hauptsatzes ein, **si non** *wenn nicht dagegen* ein Einzelwort des Nebensatzes bzw. den Konditionalsatz selbst:
  Ad forum non eo, nisi mecum is.
  Ich gehe nicht zum Forum, wenn du mich nicht begleitest.
  Si non ad forum eo, ad templum eo.
  Wenn ich nicht zum Forum gehe, gehe ich zum Tempel.
  In Verbindung mit **non**, **nemo** und **nihil** wird **nisi** mit *nur/außer* übersetzt:
  Horas non numero nisi serenas. *Ich zähle nur die frohen Stunden.*
- **sin (autem)** *wenn aber* steht, wenn einem vorausgehenden **si**-Satz ein zweiter gegenübergestellt wird. Bei reiner Fortführung eines Gedankengangs steht **quod si** *wenn aber; wenn also*:
  Si mecum is, ad forum eo. Sin (autem) domum manes, ad templum eo.
  Wenn du mich begleitest, gehe ich zum Forum. Wenn du aber zu Hause bleibst, gehe ich zum Tempel.
  Tecum ad forum ire volo. Quod si domum manes, ad templum eo.
  Ich will mit dir zum Forum gehen. Wenn du aber zu Hause bleibst, gehe ich zum Tempel.
- Nach Verben des Versuchens (**conari/experiri/temptare**) und Erwartens (**exspectare**) heißt **si** *ob*:
  Hostes conati sunt, si perrumpere possent.
  Die Feinde versuchten, ob sie durchbrechen könnten.
- Wunschsätze, die eine Einschränkung beinhalten, werden mit **dum/modo/dummodo** *wenn nur* eingeleitet. Sie stehen im Konjunktiv. Negation ist **ne.**
  Oderint, dum metuant! *Sollen sie mich hassen, wenn sie mich nur fürchten!*

Konzessivsätze

Konzessivsätze drücken ein Zugeständnis aus. Sie werden mit **non** verneint. Im übergeordneten Hauptsatz weist häufig ein Adverb wie **tamen** *dennoch*, **at** *jedoch*, **verum/vero** *aber, doch* oder **nihilo minus** *nichtsdestoweniger* auf den Konzessivsatz hin.

- **quamquam**
  Konzessivsätze mit **quamquam** *obgleich; obwohl* stehen im Indikativ.
  Quamquam abest a culpa, suspicione tamen non caret.
  Obwohl er unschuldig ist, ist er dennoch nicht frei von Verdacht.

Quamquam am Anfang eines Hauptsatzes heißt *gleichwohl; freilich; indessen; doch*: **Quamquam hoc mirum est.** *Das ist freilich sonderbar.*

- **et(iam)si/tametsi**
  Konzessivsätze mit **etsi/etiamsi/tametsi** *auch wenn; selbst wenn* richten sich in ihrem Modus nach den Regeln der Konditionalsätze (s. dort), können also im Indikativ und im Konjunktiv (als Potentialis bzw. Irrealis) stehen.
  Haec sentit ille, etsi non dicit.
  Das meint auch jener, auch wenn er es nicht sagt.
  Etiamsi timore torqueremur, tamen urbem peteremus.
  Selbst wenn wir Angst hätten, würden wir dennoch die Stadt angreifen.

- **cum/quamvis/licet/ut**
  Konzessivsätze mit **cum** *obwohl; obgleich,* **quamvis** *obgleich; obwohl,* **licet** *mag auch* oder dem eher seltenen **ut** *gesetzt den Fall, dass* stehen im Konjunktiv.
  Cum multi milites in proelio concidissent, tamen acerrime reliqui resistebant.
  Obwohl viele Soldaten im Gefecht gefallen waren, leisteten die übrigen dennoch heftigen Widerstand.
  Quamvis sint sub aqua, sub aqua maledicere temptant.
  Obwohl sie unter Wasser sind, versuchen sie unter Wasser zu schimpfen.

Komparativsätze

Komparativsätze vergleichen den Grad oder die Art und Weise von Handlungen bzw. Sachverhalten. Als Negation dient **non.**

Komparativsätze mit Korrelativa

Sie stehen in der Regel im Indikativ. (Korrelativpronomen ▸ s. Kap. 4, S. 40)
Häufige Korrelativa sind:

ita/sic (bei Verben) … **ut** *so … wie;* **tam** (bei Adj./Adv.) … **quam** *so … wie;* **tantus** … **quantus** *so groß … wie;* **tot** … **quot** *so viele … wie;* **tantopere** … **quantopere** *so sehr … wie;* **talis** … **qualis** *so beschaffen … wie;* **totiens** … **quotiens** *so oft … wie;* **idem** … **qui** *derselbe … wie;* **ut** … **sic** *zwar … aber*

Ut sementem feceris, ita metes. *Wie man sät, so wird man ernten.*

Oft fehlt im Komparativsatz das Prädikat, da es sich aus dem Hauptsatz erschließen lässt:
Talis es, qualis pater (est). *Du bist genauso wie dein Vater.*

Komparativsätze mit **atque/ac**

Sie stehen in der Regel im Indikativ. Nach Adjektiven/Pronomen/Adverbien, die eine Gleichheit bzw. Ähnlichkeit ausdrücken, bedeutet **atque/ac** *als, wie,* so z. B.:

aequus/par … **atque/ac** *gleich … wie;* **similis** … **atque/ac** *ähnlich … wie;* **idem** … **atque/ac** *derselbe … wie;* **alius** … **atque/ac** *ein anderer … als;* **aliter/secus** … **atque/ac** *anders … als;* **proinde** … **atque/ac** *ebenso … wie*

Alia dicit ac sentit. *Er sagt andere Dinge, als er denkt.*

Nach **nemo alius/nihil aliud/quid aliud** heißt *als* (im Sinne von *außer/nur*) **nisi:**
Nihil aliud feci nisi scripsi.
Ich habe nichts anderes gemacht als geschrieben.

Komparativsätze mit Komparativ

Sie stehen in der Regel im Indikativ. Bei Adjektiven im Komparativ oder bei Verben mit vergleichender Bedeutung (z. B. **malle** *lieber wollen*, **praestare** *besser sein*, ...) können folgende Subjunktionen stehen:

quam *als;* **non minus/magis** ... **quam** *ebenso (sehr/wenig)* ... *wie;* **quo** ... **eo/ quanto** ... **tanto** *je – desto*

Prudentior est quam putas. *Er ist klüger als du denkst.*

Komparativsätze mit **si**

Diese konditionalen Komparativsätze drücken einen nur angenommenen Vergleich aus und stehen deshalb im Konjunktiv. Im Deutschen übersetzt man oft mit Irrealis. Sie werden eingeleitet durch:

quasi/tamquam (si)/ut si *wie wenn; als ob;* **velut si/ac si** *wie wenn; gerade als ob;* **quasi vero** *als ob (ironisch)*

Quereris, quasi omnia perdideris. *Du klagst, als ob du alles verloren hättest.*

Übersicht über mehrdeutige Subjunktionen

cum (mit Ind.)	*damals, als; immer wenn; so oft; dadurch, dass; als (plötzlich)*
cum (mit Konj.)	*als, während, nachdem; weil/da; obwohl; während (dagegen)*
dum (mit Ind.)	*während, solange; (solange) bis*
dum (mit Konj.)	*wenn nur*
quod (Subjunktion)	*dass; weil*
quod (Relativpronomen)	*(das,) was*
ut (mit Ind.)	*wie; sobald* (meist **ut primum**); *so oft*
ut (mit Konj.)	*(so) dass; damit;* bei Verben des Fürchtens: *dass nicht*
ne (mit Konj.)	*(so) dass nicht; damit nicht;* bei Verben des Fürchtens/ Hinderns: *dass*

Nebensätze ohne Einleitung

In sehr wenigen Fällen – v. a. in der **oratio obliqua** (indirekten Rede) und nach Verben des Bittens/Aufforderns sowie **necesse est/oportet** *es ist nötig* – kann die einleitende Konjunktion fehlen. Das Prädikat des Nebensatzes steht im Konjunktiv.

Oro, mihi adsis. *Ich bitte dich, mir zu helfen.*

Gebrauch der Tempora, Modi und Genera Verbi

Tempora im Hauptsatz

Das Lateinische zählt sechs Tempora, die den drei Zeitstufen Gegenwart, Vergangenheit und Zukunft zugeordnet sind.

Wie jede Sprache hat auch das Lateinische bzgl. seines Tempusgebrauchs seine eigenen Regeln. Man darf beim Übersetzen die lateinischen Tempora nicht schematisch ins Deutsche übertragen. Maßgeblich ist grundsätzlich der deutsche Sprachgebrauch in der jeweiligen Textsituation.

Zeitstufe Gegenwart

Präsens

Das Präsens wird wie im Deutschen verwendet für ...

- Handlungen und Sachverhalte der Gegenwart:
  Quid video? *Was sehe ich?*
- allgemein gültige, zeitlose Feststellungen:
  Aut prodesse volunt aut delectare poetae.
  Dichter wollen nützen oder erfreuen.
- die lebhafte Darstellung vergangener Geschehnisse (historisches Präsens):
  Caesari cum id nuntiatum esset, maturat ab urbe proficisci.
  Nachdem Cäsar dies gemeldet worden war, brach er schleunigst aus der Stadt auf.

Bei spannender Schilderung dicht aufeinanderfolgender Ereignisse der Vergangenheit kann sogar der historische Infinitiv (Inf. Präs.) stehen:
Diem ex die ducere Haedui: conferri, comportari, adesse dicere.
Einen Tag nach dem anderen hielten ihn die Häduer hin: Sie sagten, es werde gesammelt, zusammengetragen, es sei schon da.

Eine Besonderheit des lateinischen Briefstils ist es, dass zum Verfassen des Briefes zeitgleiche Vorgänge in die Vergangenheit gesetzt werden, die Perspektive des Empfängers also quasi vorweggenommen wird:
Proficiscebar inde, cum has ad te litteras dedi.
Ich breche gerade von hier auf, während ich dir diesen Brief schreibe.

Zeitstufe Vergangenheit

In der Beschreibung der Vergangenheit verhalten sich die deutsche und die lateinische Sprache unterschiedlich: Perfekt bzw. Imperfekt im Lateinischen sind nicht deckungsgleich mit dem deutschen Präteritum bzw. Perfekt!

Eine Annäherung lässt sich folgendermaßen formulieren: Das lateinische Perfekt bildet in einzelnen Erzählschritten/Stufen einer Handlung den Vordergrund der Erzählung ab (punktuell, abgeschlossen), das lateinische Imperfekt beschreibt den Hintergrund, also die Begebenheiten, die außerhalb des Einsetzens oder Fortgangs des Hauptereignisses liegen (durativ, nicht abgeschlossen).

Im Deutschen findet sich eher die grobe Unterscheidung in erzählende Texte (Präteritum) und kommunikative Texte (Perfekt).
Dem lateinischen Perfekt entsprechen somit im Deutschen zwei Tempora: das Präteritum und das Perfekt.
Das Imperfekt im Sinne des Lateinischen gibt es im Deutschen nicht. Es wird meist mit Präteritum übersetzt, teils ist aber auch eine Wiedergabe mit deutschem Perfekt oder gar eine Umschreibung sinnvoll.

Für eine detailliertere Darstellung s. die folgenden Ausführungen.

Das lateinische Imperfekt wird verwendet für:

- vergangene, aber nicht abgeschlossene Vorgänge, die länger andauerten und bei denen Anfang und Ende nicht klar abgegrenzt werden (durativer Aspekt). Oft stellen Schilderungen im Imperfekt quasi die „Kulissen" für die „Haupthandlung" im Perfekt dar.
  Caesar cum Gallis per multos annos pugnabat.
  Cäsar kämpfte viele Jahre lang mit den Galliern.
  Cum Gaius Romam venit, Cicero consul erat.
  Als Gaius nach Rom kam, war Cicero Konsul.
- Ereignisse, die sich in der Vergangenheit wiederholten (iterativer Aspekt).
  Romae quotannis bini consules creabantur.
  In Rom wurden jedes Jahr zwei Konsuln gewählt.
- versuchte Handlungen in der Vergangenheit (konativer Aspekt).
  Me abire prohibebat. *Sie versuchte mich am Weggehen zu hindern.*

Das lateinische Perfekt wird verwendet für:

- punktuelle Vorgänge der Vergangenheit in erzählenden Texten (= historisches/narratives Perfekt) (Achtung: im Deutschen Präteritum)
  Caesar in hiberna exercitum deduxit. *Cäsar zog mit dem Heer ins Winterlager.*
- abgeschlossene Ereignisse, die sich noch bis in die Gegenwart auswirken (= präsentisches/resultatives Perfekt).
  Vicimus! *Wir haben gesiegt! (= Wir sind Sieger!)*

Die aktiven Perfektformen einiger Verben (sog. Perfektopräsentien) können ein Resultat ausdrücken und somit **präsentisch** übersetzt werden (analog dann Plusquamperfekt → dt. Präteritum):
(cog)noscere *kennen lernen* → **(cog)novisse** *kennen*
consuescere *sich gewöhnen an* → **consuevisse** *gewohnt sein*
nur im Perfektstamm: **meminisse** *sich erinnern an;* **odisse** *hassen*

- die Feststellung einer Tatsache in der Vergangenheit (außerhalb einer Erzählung) (= konstatierendes Perfekt).
  Recte fecisti. *Das hast du richtig gemacht.*
- sentenzenhaft ausgedrückte Erfahrungen aus der Vergangenheit (= gnomisches Perfekt).
  Nil sine magno vita labore dedit mortalibus.
  Nichts gibt das Leben den Menschen ohne große Mühe.

Das lateinische Plusquamperfekt wird wie im Deutschen verwendet für:

- Ereignisse der Vergangenheit, die vorzeitig zu anderen bereits vergangenen Sachverhalten sind („Vorvergangenheit“)
  Tum Gaius Fulviam visitavit. Iam diu hunc diem exspectaverat.
  Dann besuchte Gaius Fulvia. Schon lange hatte er auf diesen Tag gewartet.

Im Deutschen kann das Plusquamperfekt im Nebensatz bei eindeutigem Kontext nicht selten mit Präteritum übersetzt werden:
Qui Olympiae vicerat, oliva coronabatur.
Wer in Olympia siegte, wurde mit einem Olivenzweig bekränzt.

Zeitstufe Zukunft

Futur I

Das Futur I wird verwendet für zukünftige Ereignisse. Es wird im Lateinischen sehr viel konsequenter verwendet. Futur I wird häufig mit Präsens ins Deutsche übersetzt wird, wenn der Zukunftsbezug klar oder mit Zeitadverbien (z. B. *morgen, bald*) entsprechend markiert ist.

Nicht selten wird im Lateinischen mit dem Futur I auch eine Absicht ausgedrückt.

Cras Romam proficiscemur. *Morgen brechen wir nach Rom auf. (= werden/wollen wir nach Rom aufbrechen)*

Das lateinische Futur I kann umschrieben werden …

- … durch die sog. **coniugatio periphrastica activa** (= PFA + Form von **esse**), welche die unmittelbare Absicht ausdrückt:
  laudaturus sum *ich bin im Begriff, zu loben*
- … durch **velle** + **Inf.**: **laudare volo** *ich will loben*

Futur II

Das Futur II findet sich meist in abhängigen Nebensätzen und wird für Ereignisse verwendet, die in der Zukunft bereits vollendet und somit vorzeitig zu anderen künftigen Geschehnissen sind. Übersetzt wird im Deutschen meist mit Präsens oder Perfekt!

Si domum venero, tibi omnia narrabo.
Wenn ich nach Hause komme (gekommen bin), werde ich dir alles erzählen.

Modi im Hauptsatz

Mit den drei Modi Imperativ, Indikativ und Konjunktiv gibt die sprechende Person an, wie sich das Beschriebene ihrer Meinung nach zur Wirklichkeit verhält oder wie sie es verstanden haben will. Daher erfüllen die Modi im Hauptsatz je nach Gebrauch und Kontext verschiedene Funktionen.

Indikativ

Der Indikativ wird im Lateinischen meist wie im Deutschen gebraucht und drückt eine Wirklichkeit aus.

Realis

Abgesehen davon steht der Indikativ auch beim Realis, also bei einem nicht wirklichen Geschehen, das aber als möglich/nötig/beinahe eingetreten/unvermutet angesehen wird. Das Deutsche betont hier dagegen die Unwirklichkeit und setzt deshalb den Konjunktiv. Adverbien wie **numquam** *niemals* oder **paene** *beinahe* weisen oft auf den Realis hin.

Multum narrare possum, sed longum est.
*Ich **könnte** viel erzählen, aber es **wäre** zu weitläufig.*
Numquam id putavi. *Niemals **hätte** ich das geglaubt.*
Paene cecidi. *Beinahe **wäre** ich gefallen.*

Imperativ

Imperativ I

Mit dem Imperativ I wird der angesprochenen Person ein – meistens in unmittelbarer Folge auszuführender – Befehl gegeben:

Audi! *Hör zu!*

Eine negative Aufforderung lässt sich mit dem Imperativ I von **nolle (noli/nolite)** und dem Infinitiv Präsens bilden:

Noli(te) me tangere! *Berühr(t) mich nicht!*

Geht die Aufforderung eher in Richtung Verbot oder strenge Vorschrift, wird im Lateinischen der sog. Prohibitiv verwendet (▸ s. S. 129):

Ne me tetigeris!/Ne me tetigeritis! *Berühr mich nicht!/Berührt mich nicht!*

Imperativ II

Der Imperativ II fordert dazu auf, etwas in der Zukunft oder auf Dauer zu tun. Im Gegensatz zur „gewöhnlichen" Befehlsform, dem Imperativ I, ist der Imperativ II ernster und feierlicher, weshalb man ihn v. a. in Gesetzen und in allgemeinen Vorschriften findet. Übersetzt wird er mit deutschem Imperativ oder mit *sollen*:

Verbis maiorum pareto! *Du sollst den Worten der Vorfahren gehorchen!*

Konjunktiv

Der Konjunktiv spielt im Lateinischen eine weitaus größere Rolle als im Deutschen. Als Modus der Vorstellung, des Wunsches und der Aufforderung hat er vielfältige Funktionen.

Optativ (Konj. Präsens, Perfekt; Konj. Imperf., Plusquamperf.)

Der Optativ drückt einen Wunsch aus. Dieser kann von der sprechenden Person als erfüllbar oder unerfüllbar angesehen werden. Als Verneinung dient **ne** (bzw. **nolim/nollem**).

Erfüllbare Wünsche stehen im Konjunktiv Präsens (Bezug auf die Gegenwart) oder im Konjunktiv Perfekt (Bezug auf die Vergangenheit) und können mit **utinam/velim** *hoffentlich/möge* bzw. **nolim** *hoffentlich nicht/möge nicht* eingeleitet werden.

(Utinam) ne me videat! *Hoffentlich sieht er mich nicht!* (Gegenwart)
(Utinam) scripserit! *Hoffentlich hat er geschrieben!* (Vergangenheit)

Unerfüllbare Wünsche stehen im Konjunktiv Imperfekt (Bezug auf die Gegenwart) oder im Konjunktiv Plusquamperfekt (Bezug auf die Vergangenheit) und haben **utinam/vellem** *wenn doch* bzw. **nollem** *wenn doch nicht* bei sich.

Utinam/Vellem maneres! *Wenn du doch bleiben würdest!* (Gegenwart)
Utinam/Vellem domi mansissem! *Wenn ich doch zu Hause geblieben wäre!* (Vergangenheit)

Potentialis (Konj. Präsens/Perfekt; Konj. Imperf.)

Die Aussage wird abgeschwächt bzw. als möglich dargestellt. Es findet sich hier der Konjunktiv Präsens bzw. Perfekt für den Potentialis der Gegenwart und der Konjunktiv Imperfekt für den Potentialis der Vergangenheit. Übersetzt wird mit *könnte/dürfte/möchte/wohl*. Für die Verneinung wird **non** verwendet.

Quis hoc credat/crediderit? *Wer könnte das wohl glauben?*

Der Potentialis der Vergangenheit findet sich hauptsächlich nur bei diesen Wendungen:

crederes/putares *man hätte glauben können*
videres/cerneres *man hätte sehen können*
diceres *man hätte sagen können*

Irrealis (Konj. Imperf./Konj. Plusquamperf.)

Die Aussage wird als unwirklich dargestellt. Dabei drückt der Konjunktiv Imperfekt aus, dass etwas sein könnte, aber nicht eintritt (Irrealis der Gegenwart). Der Konjunktiv Plusquamperfekt dagegen stellt dar, dass etwas in der Vergangenheit trotz Möglichkeit nicht eingetreten ist (Irrealis der Vergangenheit). Als Negation wird **non** verwendet.

Si me adiuvares, gauderem.
Wenn du mir helfen würdest, würde ich mich freuen. (Gegenwart)
Si milites insidias animadvertissent, superavissent.
Wenn die Soldaten den Hinterhalt bemerkt hätten, hätten sie überlebt. (Vergangenheit)

Hortativ (1. P. Pl. Konj. Präsens)

Der Hortativ ist eine Aufforderung an eine Gruppe von Personen, zu denen die sprechende Person selbst zählt. Die Verbform steht hier im Konjunktiv Präsens in der 1. Person Plural. Übersetzt wird mit *Lass(t) uns*. Als Verneinung steht **ne**.

Cantemus! *Lass(t) uns singen!*

Iussiv (3. P. Sg./Pl. Konj. Präsens)

Der Iussiv drückt eine Aufforderung an einen oder mehrere Dritte aus. Dafür wird der Konjunktiv Präsens in der 3. Person verwendet. Übersetzt wird mit *soll(en)*. Übrigens: Manchmal findet sich auch die 2. Person. Verneint wird ein Iussiv mit **ne.**

Ne moveat! *Er soll sich nicht bewegen!*

Prohibitiv (*ne* + 2. P. Sg./Pl. Konj. Perfekt)

Der Prohibitiv drückt einen verneinten Imperativ, also ein für den Gesprächspartner geltendes Verbot aus. Er setzt sich aus **ne** und dem Konjunktiv Perfekt in der 2. Person zusammen:

Ne clamaveri(ti)s! *Schrei(t) nicht!*

Ebenso einen negativen Befehl drückt der Imperativ I von **nolle (noli/nolite)** mit Infinitiv Präsens aus:

Noli(te) clamare! *Schrei(t) nicht!*

Deliberativ (Konj. Präsens/Konj. Imperf.)

Der Konjunktiv Präsens (Gegenwart) und Imperfekt (Vergangenheit) im direkten Fragesatz drückt eine Überlegung/Unentschlossenheit der sprechenden Person aus. Daher steht er oft in der 1. Person. Übersetzt wird mit *sollen*. Als Negation wird hier **non** verwendet.

Quid faciam? *Was soll ich tun?* (Gegenwart)
Quid facerem? *Was hätte ich tun sollen?* (Vergangenheit)

Übersicht über die Funktionen des Konjunktivs

Wie behält man bei so vielen Konjunktiven im Hauptsatz den Überblick?
Um herauszufinden, um welche Funktion des Konjunktivs es sich handelt, kann sowohl die Betrachtung der Person als auch die des Tempus dienlich sein. Ebenso können die Satzzeichen helfen, auch wenn sie im Original natürlich nicht zu finden waren und erst in späteren Kopien hinzugefügt wurden:

	Tempus			
Satzzeichen	**Präsens**	**Imperfekt**	**Perfekt**	**Plusquamperfekt**
.	Potentialis (GW)	Potentialis (VG) Irrealis (GW)	Potentialis (GW)	Irrealis (VG)
?	Potentialis (GW) Deliberativ (GW)	Potentialis (VG) Deliberativ (VG)	Potentialis (GW)	
!	Optativ (erf., GW) Hortativ Iussiv	Optativ (unerf., GW)	Optativ (erf., VG) Prohibitiv	Optativ (unerf., VG)

GW = Gegenwart; VG = Vergangenheit; erf. = erfüllbar; unerf. = unerfüllbar

Tempora und Modi im abhängigen Nebensatz

Consecutio temporum

Das lateinische Satzgefüge ist einer gewissen Zeitenfolge unterworfen. Diese hängt von dem Tempus des Prädikats des Hauptsatzes bzw. des einleitenden Satzes und von dem jeweiligen Zeitverhältnis zwischen Haupt- und Nebensatz ab. Das Lateinische ist bezüglich dieser Zeitenfolge sehr viel strenger als das Deutsche.

Indikativische Nebensätze

In indikativischen Nebensätzen steht bei Gleichzeitigkeit meist dasselbe Tempus wie im Hauptsatz.

Imperative und Ausdrücke des Könnens/Müssens gelten als Futur!
Me sequere, si poteris! *Folge mir, wenn du kannst!*

Bei **Vorzeitigkeit** zum Hauptsatz gilt:

Tempus im Hauptsatz	**Tempus im Nebensatz**
Präsens	Perfekt
Futur/Imperativ	Futur II
Vergangenheitstempus (Imperfekt, Perfekt, Plusquamperf.)	Plusquamperfekt

Filia fecit, ut mater dixerat. *Die Tochter tat, wie die Mutter geheißen hatte.*

Konjunktivische Nebensätze

Steht im abhängigen Nebensatz ein Konjunktiv, ist die Zeitenfolge folgendermaßen geregelt:

Tempus im Hauptsatz	Modus im abhängigen Nebensatz …	
	a) … bei Gleichzeitigkeit:	b) … bei Vorzeitigkeit:
ein Haupttempus (Präsens, Futur I, Futur II)	*Konj. Präsens* (**Scio, quid facias.** *Ich weiß, was du tust.*)	*Konj. Perfekt* (**Scio, quid feceris.** *Ich weiß, was du getan hast.*)
ein Nebentempus (Imperfekt, Perfekt, Plusquamperfekt)	*Konj. Imperfekt* (**Sciebam, quid faceres.** *Ich wusste, was du tust/ getan hast.*)	*Konj. Plusquamperfekt* (**Sciebam, quid fecisses.** *Ich wusste, was du getan hast/ hattest.*)

Die seltene Nachzeitigkeit wird durch die **coniugatio periphrastica activa** (PFA + **esse**-Form) im Konjunktiv (oder schlicht durch den Konjunktiv Präsens/ Imperfekt) ausgedrückt:

Scio, quid facturus sis. *Ich weiß, was du tun wirst.* (Haupttempus im HS)
Sciebam, quid facturus esses.
Ich wusste, was du tun wirst/würdest. (Nebentempus im HS)

Ist ein Nebensatz von einer infiniten Verbalform abhängig, richtet sich die Zeitenfolge nach dem nächsten übergeordneten konjugierten Verb!
Iam maiores dicebant nullum librum tam malum esse, ut non aliqua parte prodesset.
Schon unsere Vorfahren sagten, dass kein Buch so schlecht sei, dass es nicht wenigstens irgendwie nützlich ist.
Ausnahme: Der Infinitiv Perfekt löst die Zeitenfolge eines Nebentempus aus!
Scio Marcum vidisse, quis pecuniam rapuisset.
Ich weiß, dass Markus gesehen hat, wer das Geld geraubt hatte.

Modusangleichung

Es kann passieren, dass der Modus eines Nebensatzes sich an den des übergeordneten Satzes angleicht (**attractio modi**) und somit auch zum Konjunktiv wird (konjunktivische Abhängigkeit). Im Deutschen steht trotzdem Indikativ.

Quis eum diligat, qui omnibus odio sit? *Wer könnte den lieben, den alle hassen?*

Ist ein Nebensatz von einer Infinitivkonstruktion abhängig, kann auch hier der Konjunktiv auftreten (sog. infinitivische Abhängigkeit):
Constat neminem eum diligere, qui omnibus odio sit.
Es steht fest, dass niemand den liebt, der allen verhasst ist.

Obliquer Konjunktiv und innere Abhängigkeit

Meistens wird der Konjunktiv durch eine einleitende Subjunktion ausgelöst, jedoch im Deutschen nicht wiedergegeben. Aber auch Nebensätze, die normalerweise im Indikativ stehen, können in den Konjunktiv treten, wenn ihr Inhalt nicht als objektive Tatsache, sondern als subjektive Meinung angesehen wird (sog. obliquer Konjunktiv). In diesem Fall muss auch im Deutschen die Subjektivität durch einen Konjunktiv ausgedrückt werden.

Diese Nebensätze sind dann – wie auch die indirekten Fragesätze ▸ S. 111, die **quin**-Sätze ▸ S. 120, die abhängigen Begehrsätze ▸ S. 118 und die Nebensätze der indirekten Rede – innerlich abhängig, d. h. sie stehen im Konjunktiv und richten sich nach der **consecutio temporum**.

Übrigens: Bei Rückbezug auf das Subjekt des einleitenden Satzes verwenden diese innerlich abhängigen Nebensätze dann die Reflexivpronomen (**sui, sibi, se** und **suus, -a, -um**). Vergleichen Sie:

- innerlich abhängig (subjektive Darstellung des Fabius in den Augen der Sprecherin → obliquer Konjunktiv):
  Fabius vestes, quas mater sua reliquisset, mihi donavit.
  Fabius schenkte mir die Kleider, die (wie Fabius sagte) seine Mutter hinterlassen habe.
- nicht innerlich abhängig (objektive Tatsache in den Augen der Sprecherin):
  Fabius vestes, quas mater eius reliquerat, mihi donavit.
  Fabius schenkte mir die Kleider, die (wie ich weiß) seine Mutter hinterlassen hatte.

Genera Verbi/Diathesen

Wie im Deutschen gibt es im Lateinischen zwei Genera Verbi/Diathesen: das Aktiv und das Passiv. Ihr Gebrauch stimmt mit ihrer deutschen Verwendung weitestgehend überein. Das Passiv wird im Lateinischen jedoch weitaus häufiger gebraucht als im Deutschen. Daraus folgen einige Besonderheiten:

- Das Passiv wird häufig aktivisch übersetzt:
  Hoc dono delectamur.
  (Durch dieses Geschenk werden wir erfreut. =) Dieses Geschenk erfreut uns.
- Es kann teilweise reflexivisch übersetzt werden:
  lavor *(ich werde gewaschen =) ich wasche mich*
- Oft wird es mit *man* übersetzt. Dies ist insbesondere auch bei der 3. P. Sg. von per se nicht passivfähigen Verben der Fall:
  adiuvaris *(dir wird geholfen =) man hilft dir*
  saltatur *(es wird getanzt =) man tanzt*

Weitere Möglichkeiten für das deutsche *man*:
Indefinitpronomen: **aliquis dicit** *(irgendjemand sagt =) man sagt*
3. P. Pl. Akt.: **dicunt** *(sie sagen =) man sagt*
2. P. Sg. Konj.: **dicas/dixeris** *(du könntest sagen =) man könnte sagen*

Anders als das Lateinische unterscheidet das Deutsche zwischen einem Vorgangs- und einem Zustandspassiv:

Vorgangspassiv mit *werden*: *ich werde besiegt; ich wurde besiegt …*
Zustandspassiv mit *sein*: *ich bin besiegt, ich war besiegt …*

Das lateinische Passiv entspricht im Perfekt bzw. Plusquamperfekt im Allgemeinen beiden Aspekten. Seine Übersetzung ist somit je nach Kontext auszuwählen: **victus sum** *ich wurde besiegt* oder *ich bin besiegt*

Indirekte Rede (oratio obliqua)

Wie im Deutschen unterscheidet sich im Lateinischen die von einem **Verbum dicendi/sentiendi** abhängige, indirekte Rede von der direkten/wörtlichen. Folgende Unterschiede sind zu beachten:

- Aussagesätze und rhetorische Fragen stehen im AcI (Negation ist dabei **non**).
- Alle Nebensätze stehen im Konjunktiv (▸ vgl. innere Abhängigkeit).
- Das Tempus der Nebensätze richtet sich nach der Zeitenfolge in konjunktivischen Nebensätzen (▸ s. **consecutio temporum**, vgl. innere Abhängigkeit).
- Statt der 1. und 2. Person steht bei Pronomen/Personalendungen der Verben die 3. Person.
- Pronomen der 3. Person, die sich auf das übergeordnete Subjekt beziehen, sind reflexiv (▸ vgl. innere Abhängigkeit).
- Aufforderungssätze (im Imperativ und Konjunktiv) stehen im Konjunktiv (Negation ist dabei **ne**).
- Fragesätze stehen im Konjunktiv (▸ vgl. indirekte Fragen in Kap. 11, S. 111).

Beispiel (nach Caes. Gall. 1,34-35):

Direkte Rede	**Indirekte Rede**
(**Caesar Ariovisto per legatos dixit:**) *(Caesar ließ Ariovist durch Gesandte ausrichten:)*	
Volo de re publica et summis rebus tecum agere. *Ich will mit dir über die politische Lage und die wichtigsten Angelegenheiten verhandeln.*	**Velle sese de re publica et summis rebus cum eo agere.** *Er wolle mit ihm über die politische Lage und die wichtigsten Angelegenheiten verhandeln.*
(**Ariovistus respondit:**) *(Ariovist antwortete:)*	
Mihi mirum videtur, quid in mea Gallia, quam bello vici, Caesari negotii sit. *Es scheint mir verwunderlich, was Caesar in meinem Teil Galliens, den ich im Krieg besiegt habe, zu suchen hat.*	**Sibi mirum videri, quid in sua Gallia, quam bello vicisset, Caesari negotii esset.** *Es scheine ihm verwunderlich, was Caesar in seinem Teil Galliens, den er im Krieg besiegt habe, zu suchen habe.*
(**Caesar ab Ariovisto postulavit:**) *(Caesar forderte von Ariovist:)*	
Ne traduxeris quam multitudinem hominum amplius trans Rhenum in Galliam! *Führe keine weiteren Scharen über den Rhein nach Gallien!*	**Ne quam multitudinem hominum amplius trans Rhenum in Galliam traduceret!** *Er solle keine weiteren Scharen über den Rhein nach Gallien führen.*

Die Zahlen

Grund- und Ordnungszahlen

Zahlzeichen		Grundzahlen	Ordnungszahlen
I	1	unus, -a, -um *eins*	primus, -a, -um *der Erste*
II	2	duo, -ae, -o	secundus, -a, -um
III	3	tres, tria	tertius, -a, -um
IV (IIII)	4	quattuor	quartus, -a, -um
V	5	quinque	quintus, -a, -um
VI	6	sex	sextus, -a, -um
VII	7	septem	septimus, -a, -um
VIII	8	octo	octavus, -a, -um
IX (VIIII)	9	novem	nonus, -a, -um
X	10	decem	decimus, -a, -um
XI	11	undecim	undecimus, -a, -um
XII	12	duodecim	duodecimus, -a, -um
XIII	13	tredecim	tertius decimus, -a, -um
XIV	14	quattuordecim	quartus decimus, -a, -um
XV	15	quindecim	quintus decimus, -a, -um
XVI	16	sedecim	sextus decimus, -a, -um
XVII	17	septendecim	septimus decimus, -a, -um
XVIII	18	duodeviginti	duodevicesimus, -a, -um
XIX	19	undeviginti	undevicesimus, -a, -um
XX	20	viginti	vicesimus, -a, -um
XXX	30	triginta	tricesimus, -a, -um
XL (XXXX)	40	quadraginta	quadragesimus, -a, -um
L	50	quinquaginta	quinquagesimus, -a, -um
LX	60	sexaginta	sexagesimus, -a, -um
LXX	70	septuaginta	septuagesimus, -a, -um
LXXX	80	octoginta	octogesimus, -a, -um
XC (LXXXX)	90	nonaginta	nonagesimus, -a, -um
C	100	centum	centesimus, -a, -um
CC	200	ducenti, -ae, -a	ducentesimus, -a, -um
CCC	300	trecenti, -ae, -a	trecentesimus, -a, -um
CD (CCCC)	400	quadringenti, -ae, -a	quadringentesimus, -a, -um
D	500	quingenti, -ae, -a	quingentesimus, -a, -um
DC	600	sescenti, -ae, -a	sescentesimus, -a, -um
DCC	700	septingenti, -ae, -a	septingentesimus, -a, -um
DCCC	800	octingenti, -ae, -a	octingentesimus, -a, -um
CM (DCCCC)	900	nongenti, -ae, -a	nongentesimus, -a, -um
M	1000	mille	millesimus, -a, -um
MM ($\overline{\text{II}}$)	2000	duo milia	bis millesimus, -a, -um

Besonderheiten

Bei zweistelligen Grund- und Ordnungszahlen von 21 bis 99 geht die Zehnerzahl voraus oder wird mit **et** angeschlossen:
viginti septem / septem et viginti anni *27 Jahre*

Bei der Verbindung von 8 bzw. 9 mit einer Zehnerzahl wird gewöhnlich von der nächsthöheren Zehnerzahl subtrahiert: **duodequadraginta** (= *2 von 40*) = 38

Die Ordnungszahlen werden wie die Adjektive der a-/o-Deklination dekliniert. Die meisten Grundzahlen haben dagegen keine Flexion. Die wichtigsten Ausnahmen sind: **unus, duo, tres:**

	ein(s)			**zwei**			**drei**		
	m.	f.	n.	m.	f.	n.	m.	f.	n.
Nom.	ūnus	ūna	ūnum	duo	duae	duo	trēs		tria
Gen.	ūnīus			duōrum	duārum	duōrum	trium		
Dat.	ūnī			duōbus	duābus	duōbus	tribus		
Akk.	ūnum	ūnam	ūnum	duo(s)	duās	duo	trēs		tria
Abl.	ūnō	ūnā	ūnō	duōbus	duābus	duōbus	tribus		

200, 300, ... 900
Die Hunderter von **ducenti, -ae, -a** an werden wie die Adjektive der a-/o-Deklination dekliniert.

Plural von mille
Im Singular wird **mille** meist als indeklinables Adjektiv behandelt. Der Plural **milia** wird stets als Substantiv verwendet (Formen: Nom. + Akk. **mīlia**, Gen. **mīlium**, Dat. + Abl. **mīlibus**) und verbindet sich mit dem **Genitivus partitivus:**

Mille gradus sunt, sed quinque milia graduum esse videntur.
Es sind 1000 Stufen, aber es scheinen 5000 Stufen zu sein.

Verteilungs- und Multiplikationszahlen

Zahlzeichen	Verteilungszahlen	Multiplikationszahlen
1	singuli, -ae, -a *je einer*	semel *einmal*
2	bini *je zwei*	bis *zweimal*
3	terni	ter
4	quaterni	quater
5	quini	quinquies
6	seni	sexies
7	septeni	septies
8	octoni	octies
9	noveni	novies
10	deni	decies
11	undeni	undecies
12	duodeni	duodecies
13	terni deni	ter decies
14	quaterni deni	quater decies
15	quini deni	quinquies decies
16	seni deni	sexies decies
17	septeni deni	septies decies
18	duodeviceni	duodevicies
19	undeviceni	undevicies
20	viceni	vicies
30	triceni	tricies
40	quadrageni	quadragies
50	quinquageni	quinquagies
60	sexageni	sexagies
70	septuageni	septuagies
80	octogeni	octogies
90	nonageni	nonagies
100	centeni	centies
200	duceni	ducenties
300	treceni	trecenties
400	quadringeni	quadringenties
500	quingeni	quingenties
600	sesceni	sescenties
700	septingeni	septingenties
800	octingeni	octingenties
900	nongeni	nongenties
1000	singula milia	milies
2000	bina milia	bis milies

Jahreszahlen, Datum und Uhrzeit

Die Angabe von Jahreszahlen, Datum und Uhrzeit im Lateinischen unterscheidet sich vom Deutschen:

Jahreszahlen
Für die Angabe von Jahreszahlen werden im Lateinischen Ordnungszahlen verwendet:

Anno milesimo nongentesimo vicesimo sexto nata sum.
Ich bin im Jahre 1926 geboren worden.

Datum
Zur Angabe eines Datums gibt es im Lateinischen einige fest bezeichnete Tage innerhalb eines Monats, von denen aus die anderen Tage errechnet werden. Bei diesen handelt es sich um die ...

... **Kalendae, -arum** (Kal.) = 1. Tag des Monats
... **Nonae, -arum** (Non.) = 5. Tag des Monats (März, Mai, Juli, Oktober: 7. Tag)
... **Idus, -uum** (Id.) = 13. Tag des Monats (März, Mai, Juli, Oktober: 15. Tag)

Alle übrigen Tage werden bestimmt, indem vom nächsten fest bezeichneten Zeitpunkt an rückwärts gerechnet wird, wobei die Grenztage mitgezählt werden, z. B.:

ante diem quartum Kalendas Apriles *29. März*

Vor 46 v. Chr. hatten **März, Mai, Juli und Oktober 31, Februar 28** und die **übrigen Monate 29 Tage**. Mit der Umstellung durch Caesar erhielten die Monate ihre heutige Anzahl an Tagen.

Uhrzeit
Die Uhrzeit wird im Lateinischen ab Sonnenaufgang gerechnet. Entsprechend war also z. B. 9 Uhr im Sommer zu einem anderen Zeitpunkt als im Winter. Beispiele bei Sonnenaufgang um 6 Uhr:

hora tertia *um 9 Uhr*
hora sexta *um 12 Uhr*

Stichwortregister

Q

R

S

T

U

V

W

Z